UNDERSTANDING
INTERNATIONAL
CULTURE

국제문화의 이해

정태준 지음

신아사

들어가기

'국제관계를 문화로 본다'

오늘날 국제 사회에서 전개되고 있는 복잡하고 다양한 현상들을 한 개인의 삶 속에서 투영하여 인식하는 것에는 그 내용과 범위에 있어서 한계가 있다고 할 수 있다. 그렇지만 우리는 지구상에서 살아가고 있는 하나의 인격체자 구성원으로서 자신을 둘러싸고 있는 주변 환경에 무관심할 수도 없고 또 그렇게 해서도 안 되는 환경에 놓여 있다고 할 수 있다.

소위 지구촌 사회의 소시민의 한 사람으로서 멀리 떨어져 있는 다른 나라에서 벌어지고 있는 상황에 대한 무관심한 태도는 소시민으로서의 무책임한 것이라고 할 수 있다. 즉, 국제 사회에서 종교, 민족, 이념 등에 의한 수많은 분쟁은 과거부터 현재까지도 어떤 형태로든 계속 이어지고 있다. 그러므로 다른 나라에서 벌어지고 있는 전쟁, 지진, 빈곤 등과 같은 재난과 재해에 대해 더는 무관심할 수 없는 관계 속에서 살아가고 있다는 것이다. 그러므로 현시점에서 자신을 중심으로 하는 소위 자타 인식과 주변 환경을 거시적으로 보는 국제적 감수성이 필요하다. 나아가 이러한 관점은 국제 사회를 바라보는 시선의 정립과 나아가 자신의 위상을 돌아보는 기회가 될 수 있을 것이다.

한 걸음 더 나아가 이 책은 국제관계를 문화변용이라는 프레임으로 파악하고자 한다. 국제관계는 어떤 의미가 있는 것일까? 국제관계는 '국제 사회'라는 곳에서 그 사회를 구성하는 국가와 국가가 다양한 교류를 통해 만들어내는 관계라 정의할 수 있다.

최근 많은 사람이 마치 '국제사회'가 당연히 존재하는 것처럼 이 표현을 자주 사용한다.[1] 그런데 국제관계는 다양한 주체가 국경을 넘어 만들어내는 관계로 이해될 수도 있다. 이 정의에도 어떤 것을 국제관계의 주체로 볼 것인가는 다양한 요인을 생각할 수 있다.

이 책은 국제, 문화, 변용론이다. 국제문화론이란 무엇인가? 국가와 국가 사이에서 문화가 서로 간섭하고 상대방을 변화시킨다. 특정 국가의 문화가 상호 변화를 유도하며 나가는 그 역동적인 메커니즘을 이해하고자 한다.

그렇다면 문화의 상호 간섭과 상호 변화의 결과로서 '세계문화', '지구 문화'라는 의미를 갖는 '국제문화'가 생겨나는 것일까? 국제문화론은 그러한 국제문화의 존재 내지는 형성을 전제로 하는 '국제문화'이어야만 하는 것일까. 문화 간의 국제적 상호관계가 역동적으로 전개될 때 국제문화라고 부를 수 있는 문화가 생겨나는지의 문제는 충분히 논의할 가치가 있다. 그러나 국제문화의 존재나 형성을 전제로 삼아버리는 것이 현재의 실정에 맞지 않는 경우가 있고 문화와 문화 변화의 역동성을 간과할 위험성도 있다.

---

1) 19세기에 '사회'를 대상으로 삼는 학문으로서 탄생한 사회학은 근대사회에 관한 이해를 심화시켰다. 여기서 말하는 '사회'는 국내 사회로서 국제 사회와는 근본적으로 다르다.

이 책은 강의 교재용으로서 그 구성에서 국가 간의 문화교류 즉 국제문화 변용론을 접하는 학습자들의 1차 적인 의문점에 답하는 형식으로 전개하려는 의도에서 편성하였다. 오늘날 현시대를 살아가는 인류에게 다양하게 그리고 급속도로 변화하는 국제 사회, 또는 글로벌 사회를 문화 변화라는 자타 인식의 시각으로 들여다보는 관점을 갖게 하고자 한다.

이른바 '문화'라는 핵심어로 문화 변화, 문화 요소, 문화접변, 문화변용과 같은 것들의 개념과 내용을 이해하고 인식하며 자신의 위상을 바르게 인식하고 또 글로벌 사회를 바라보는 객관적 시각을 정립하는 데 도움이 되길 바란다. 나아가서 이 책을 통하여 글로벌시대를 살아가는 소시민의 한 사람으로서 국제 사회의 역동적 문화 현상을 직시하는 동시에 국제적 문화 감수성을 높이는 것에 도움이 되기를 바란다.

끝으로 빠듯한 일정에도 불구하고 출간하기까지 애써주신 신아사 한 상무님 및 출판 관계자 여러분에게 감사를 드립니다.

목차

국제문화의 이해

I
문화의 정의와 관점

1. 문화의 개념과 정의

우리 주변에서 문화라는 말은 흔히 사용되는 말이다. 그런데 그 말의 개념이 모호하고 게다가 정의를 내리기 쉽지 않다. 그것은 문화라는 어휘가 대상으로 하는 범위가 너무 광범위하고 포괄적으로 사용되기 때문일 것이다.

그만큼 일상용어로서 또는 전문 학술용어로서 문화라는 단어는 다양하게 사용되고 있다는 것이다. 이 책에서 다루려고 하는 국제사회 또는 글로벌 사회를 대상으로 하는 범주에서는 분명하게 두 개의 대상이 대두된다. 하나는 자기와 관련된 것이고 다른 하나는 다른 것과 연결되어 있기 때문이다. 즉 국제 또는 글로벌이라고 하는 어휘가 전제하는 것은 이미 여러 국가끼리의 관계를 전제로 하기 때문이다. 여기서 우리는 먼저 두 가지 개념을 먼저 생각하게 된다. 즉 자기와 타자라는 대립적인 개념에 대한 인식이다.

다음으로 위 두 가지 인식에 문화라는 것을 덧씌워 보면 나의 문화와 다른 문화 즉, 이문화(異文化)의 존재가 드러나게 된다. 즉 이문화는 나의 문화와 다른 타문화(他文化)가 있다는 상대적 인식을 하게 되는 것이다.

그리고 문화란 무엇인가라는 질문을 던졌을 때 가장 간단히 얻을 수 있는 것은 '한 인류집단의 생활양식'이라는 대답일 것이다. 한 사회구성원들 간에 나타나는 관습적인 행위 및 그런 행위의 산물을 문화라고 부르고 있다. 이처럼 오늘날 '문화'라는 말은 사람들의 생활양식 전체를 가리키는 넓은 의미로 사용되고 있다.

이러한 '문화'라는 말을 오늘날 사용되는 넓은 의미로 처음 사용한 사람은 독일의 역사가 클렘(Gustav Friedrich Klemm, 1802-1867)이 광범위한 인간의 '생활양식'을 의미한다고 하였다. 그리고 나아가 '문화'에 명확한 정의를 내린 사람은 영국의 에드워드 타일러(Edward Burnett Tylor, 1832-1917)라고 한다.[2] 그는 1871년에 출판된 『원시문화』에서 문화에 대해 총체론의 입장에서 다음과 같은 정의를 내렸다. "문화 또는 문명이란 넓은 민족지[3]적인 의미에서는 지식 · 신앙 · 예술 · 도덕 · 법률 · 관습 등 무릇 인간이 사회의 구성원으로서 획득한 능력이나 습성의 복합적 전체이다." 구체적 예시를 통해 문화를 실체적으로 파악한 알기 쉽게 정의한 것이다. 인간이 살아가는 데 필요한 능력이나 습성 전체가 문화라는 것, 그러한 능력이나 습성을 인간은 사회의 일원으로서 획득하는 것을 말하고 있고 인간 고유의 것이라는 것이다. 이 개념을 더 발전시킨 것으로 화이트는 인간의 행위를 동물의 것과 구별하여 '인간은 상징(Symboling)을 할 수 있는

2) 石田英一郎,『増訂文化人類学序說』時潮社, 1966, p.23.

3) 현지 조사에 바탕을 둔 여러 민족의 사회조직이나 생활 양식 전반에 관한 내용을 체계적으로 기술한 자료. 문화인류학의 한 분야에 포함되기도 하고 인류학의 보고서 형태라고도 할 수 있다.

유일한 동물'로 정의하고 그것이 문화의 기초라고 하였다.[4]

20세기 들어 문화를 구체적 실체적으로 파악하는 시각의 도달점이 된 것은 1916년 위슬러(Clark Wissler, 1870-1947)가 "문화현상은 학습으로 획득된 모든 인간집단 활동의 복합체다"[5]라고 정의한 이후의 일이다. 레비-스트로스(Claude Lévi-Strauss, 1908-)도 "문화에는 도구, 제도, 관습, 가치, 그리고 언어 등 아주 많은 사물이 포함된다."[6] 는 구체적인 정의를 내린 적이 있다.[7]

그러면 문화란 무엇인가에 대해 학자마다 다르지만, 일반적으로 다음과 같은 특징을 가지고 있다. 첫째, 문화는 사회구성원이 공유하는 것이다. 둘째, 문화는 정신적, 물질적 양태로 이루어져 있다. 셋째, 문화는 사회구성원이 태어나서 자란 환경에서 배우고 습득하여 형성된다. 다섯째, 문화는 개인의 삶과 사회의 발전에 중요한 역할을 한다.

이상의 정리된 것만으로도 문화란 인간의 삶 그 자체와 분리될 수 없는 것이라는 것, 인간의 인류학적 특성을 가장 잘 표현해주는 것이라고 할 수 있겠다. 즉, 문화는 '인간현상'이고 나아가 곧 '문화현상'인 것이다.[8]

---

4) 한상복 외, 『문화인류학개론』, 서울대학교 출판부, 1997, p65

5) C. Wissler, "Psychological and Historical Interpretation for Culture," Science, vol.43, 1916, pp.193-201.

6) C. Levi-Strauss, Claire Jacobson and Brooke G. Schoepf, trs., Structural Anthropology, Garden City: Anchor Books, 1967, p.68.

7) 히라노 겐이치로 지음, 장인성·김동명 옮김, 『국제문화론』, 2004, 풀빛, p.26

8) 箕 文生·飛田就一、『国際文化と異文化理解』, 法律文化社, 1989. P.8

또 다른 하나로 '문화'는 교양이나 지성이라는 의미로 사용되었다. 경제 등 물질적인 측면이 아니라 학문·예술과 같은 분야의 교양을 가리키는 말이었다. 구체적으로 '문화인', '문화국가', '문화재' 등과 같은 말은 근대 초기부터 활발히 사용된 것이다. 그 사이에 'culture' 라는 외국어의 번역어로서 '문화가 생겨났다. 앞에서 말했듯이 인간 사회의 생활 내용의 전체를 가리키는 말, 혹은 생활양식의 총체로서의 문화'이다. 이것은 문화인류학자의 정의에 가까운 용법으로 일반 사람들도 사용하게 되었다. 이리하여 최근에 이르러 'culture'와 '문화가 거의 서로 겹치게 되었다고 생각될지도 모른다. 'culture'라는 말 자체는 '문화' 이상으로 복잡한 역사를 갖고 있고 그 어원은 라틴어로 경작(Cultivation)을 의미하는 말이었다.

Q. 문화란 무엇인가?

Q. 문화와 문명의 차이는 ?

2. 문화의 속성

문화의 속성은 에드워드 타일러가 내린 문화의 정의 "문화 또는 문명이란 넓은 민족지적인 의미에서는 지식·신앙·예술·도덕·법률·관습 등 무릇 인간이 사회의 구성원으로서 획득한 능력이나 습성의 복합적 전체이다."에 근거를 두고 그가 설정한 속성에 관한 내용을 따라서 정리한다.

가. 문화의 공유성

한 사회의 구성원들 개개인의 독특한 취향이나 버릇이 아닌 공통적인 경향을 문화라고 정의하고 있다. 개인의 개성을 존중할지라도 각자가 소속되어 있는 집단의 행동양식을 따르고 있다. 이런 의미에서 문화는 집단구성원들에 의해서 공유된(shared) 것이라는 것이다.

문화의 공유속성은 구성원들의 사회생활을 원활히 하기 위한 공동의 장을 형성해 준다. 한국인은 한국어로서 의사소통을 하고 특정 상황에서 어떤 행동을 할 것인지를 어느 정도 예측할 수 있는 것은 문화의 공유성이 주는 속성이라고 할 수 있다. 즉 한국 사람들이 공유하고 있는 행동양식 및 사고 양식을 한국문화라고 부를 수 있는 것이다.

나. 문화의 학습성

우리는 사회의 구성원들끼리 많은 것을 공유하고 있다. 그렇지만 공유된 것이 모두 문화가 아니라 어떤 것이 문화적으로 간주 되기 위해서는 학습된(learned) 것이어야 한다. 사람은 특정한 문화를 가지고 태어나는 것이 아니고 학습할 능력만을 가지고 태어난다. 한국사람은 한국어를 가지고 태어나는 것이 아니라 후천적으로 한국어를 배워 익힌다. 즉 문화의 학습성은 비유전적인 수단에 의해서 학습된다는 사실이 중요한 것이다. 유년기부터 배운 젓가락질은 한국인으로서의 사회화 과정을 거치면서 학습된 것이다.

다. 문화의 축적성

인간 행위의 대부분이 학습된 것이지만, 학습이 인간 고유의 것은 아니라는 점이 이제는 거의 부인할 수 없는 사실로 받아들여지고 있다. 비록 정도의 차이는 있지만 인간 이외의 다른 동물의 행위에서도 학습행위가 나타나고 있다. 특히 우리 인류와 체질적으로 가장 가까운 관계에 있는 원숭이와 유인원들의 사회에서 이런 학습행위가 많이 나타나고 있음이 밝혀졌다[9]. 과거부터 오늘날까지 과학기술의 발전은 인간에 의해 발견과 발명에 의한 과학기술의 축적에 의한 것임은 말할 필요도 없다. 코로나19의 백신은 그 어떤 백신보다도 짧은 시간에 완성되었는데 그것은 과거 유사한 바이러스의 백신을 응용

---

9) 1953년에 일본의 원숭이 집단을 연구하던 학자들이 관찰한 바의 원숭이들의 학습행위는 이미 학계에 널리 알려져 있다(Itani 1961)

해서 만들어 낸 것으로서 하나의 사례라고 할 수 있다.

이같이 인간의 지식은 한 세대에서 다음 세대로 전해져 내려가고, 시간이 지남에 따라 각 세대에서 이루어진 지식이 추가되면서 문화의 저장창고는 팽창되어왔다. 문자가 없던 시기에는 사람들의 입을 통하여 문화가 한 세대에서 다음 세대로 전해져 내려왔지만, 문자의 등장으로 문화가 책이나 문서의 형식으로 저장될 수가 있게 되면서 비록 그것을 기억해 내는 사람이 한 사람도 없어도 그것은 여전히 이용될 수가 있다. 특히 최근에는 인공지능을 이용한 컴퓨터 혁명이 일어나면서 점점 더 많은 지식이 기계 속에 저장되고 있어서 이제는 지시만 하면 필요한 지식을 골라내어 우리가 편리하게 이용할 수 있다.

라. 문화는 하나의 전체를 이루고 있다

한 사회집단의 문화는 타일러가 말하고 있는 바와 같이 지식, 신앙, 예술, 도덕, 법, 관습 등 수 많은 부분으로 구성되어 있다. 그러나 한 사회의 문화를 구성하는 이런 부분들은 무작위로 또는 각기 독립적으로 존재하는 것이 아니라, 상호 긴밀한 관계를 유지하면서 하나의 전체(全體, a whole) 또는 체계(體系, system)를 이루고 있다.

우리는 문화를 스포츠 경기의 대표팀에 비유해도 좋겠다. 예를 들어 축구 국가대표는 다수의 선수로 구성되어 있다. 각 선수는 서로 밀접한 관계를 맺으면서 전체로서의 대표팀으로서 활동한다. 구성원의 한 명이 정상적인 기능을 수행하지 못할 때 팀은 결국 패배하게 된다. 대표팀의 구성원과 같이 한 사회의 문화를 구성하고 있는 부분은 복잡하고도 놀랄 만한 방식으로 상호 밀접한 관련을 맺고 있어서 그 어느 한 부분에 이상이 생기거나 변동이 일어나면 연쇄적으로 다른 부분에 영향을 미치게 된다.

마. 문화의 가변성

시간적인 차원에서 보면 문화는 결코 정체되고 있는 것이 아니라, 항상 변화하고 있다. 우리가 아무리 문화의 축적적인 성격과 연속적인 성격을 강조한다고 하더라도, 현재 우리의 문화가 몇 년 전의 문화와 같다고 말할 사람은 아마도 없을 것이다. 사실 고대 로마 문명이 하루아침에 생겨난 것도, 하루 만에 망한 것이 아닌 것과 마찬가지로 문화가 하루 만에 전혀 다른 형태로 바뀌어 나가는 것이 아니다. 또한 문화의 변화를 수용하지 못한 과거의 화려한 왕조들은 모두 역사 속에서 사라지고 없다. 따라서 시각을 넓혀서 장기간에 걸친 문화 과정을 보면 문화는 점진적인 변화 또는 변모를 거듭하고 있음을 알 수 있다.

3. 문화를 향한 관점

가. 문화진화론 - 야만·미개·문명

문화 변화의 사고방식은 선행연구사에서 크게 둘로 나뉜다. 문화란 인간의 생활을 위해 지어낸 것이며 그것이 시간과 더불어 변한다는 정도로 정리하기로 한다. 넓은 의미의 문화 변화에 관해서는 상반되는 두 가지 사고법이 있다. '문화진화론'과 '문화변용론'이다. 처음에 문화진화론이 등장했고, 나중에 그것을 부정하는 형태로 문화변용론이 나왔다. 먼저 문화진화(cultural evolution)에 관한 논의를 개략적으로 소개하기로 한다.

1877년 루이스 모건(Lewis Henry Morgan, 1818-81)은 『고대 사회(Ancient Society)』를 출판하였다.[10] 『고대사회』의 서론에 다음과 같은 내용이 있다. "인류의 모든 종족에게 야만 시대가 미개 시대보다 앞에 있었고, 또한 미개 시대가 문명시대보다 앞에 있었다는 것은 오늘날에는 확실한 증거를 갖고 단언할 수 있는 바이다. 인류의 역사는 근원이 같고 경험이 같으며 또한 진보도 같다. 즉 인류의 어떤 사회집단을 보더라도 처음에는 야만상태에서 출발해서 미개 상태로 나아가고 문명 상태에 도달하며, 어떤 집단도 완전히 똑같은 경로를 밟아 하나의 단계에서 다음의 단계로 나아간다는 것이 모건의 주장이었다. 야만에서 미개, 미개에서 문명으로 속도의 차는 있어도 모든 사

10) L. H. 天八力之, 荒畑寒村 譯,『古代社会』上·下, 角川文庫, 1954.

람이 같은 전개 방식으로 진화한다는 것이 문화진화론의 요체이다.

여기에는 문화가 진화의 낮은 단계에서 높은 단계를 거쳐 현재에 이르렀고, 또한 미래로 나아갈 것이라는 가설이 있다. 더구나 그 통로는 같다는 단선적 발전의 사고방식이다. 이러한 사고방식으로 유럽의 문명사회와 예컨대 아프리카의 '미개' 부족의 사회를 비교하면, 문화의 진보 단계가 다른 것처럼 보인다. 문화진화론에서는 뒤떨어져 있는 아프리카의 부족사회가 앞서 있는 유럽 사회를 뒤쫓아 간다고 본다. 그러므로 문명 상태에 있는 서양 백인이 가장 진보해 있고 뛰어나다는 백인 문화우월주의(ethnocentrism)의 시각이 되기도 한다. 서양 백인의 우월주의를 포함한 단선적 발전론의 시각은 1920년대 30년대에 부정되었지만, 오늘날까지도 뿌리 깊게 남아있는 시각이다.[11]

식민지주의에 의한 문화진화론은 피 식민국의 문화를 파탄시키는 것으로 증명되어 더 힘을 얻지 못하게 되었다.[12] 그와 동시에 문화는 토착의 방법이 가장 좋다는 관점으로 변화가 불가피하였다. 즉 유럽 중심의 백인 문화 우월주의는 설득력을 잃었고 문화상대주의로의 변화가 시작되었다.

---

11) 히라노 겐이치로, 앞의 책, P.69

12) 식민지 국가들은 식민지 행정에 성공하기 위해서는 서양의 선진 법률과 기술을 문화가 뒤떨어진 지역에 이른바 선진 문명을 들여보내면 된다는 문화진화론의 사고로 현지 주민의 문화 변화를 촉진하고자 했다. 예를 들면, 식민지 현지에는 상속법 등이 없다고 보고, 서양 근대의 민법이나 상속법 또는 친족법을 현지에 도입했다. 그러나 현지인의 분쟁이나 원주민과 백인 간의 법률문제는 해결에 있어 결과는 오히려 나빠졌다.

이론적으로 문화진화론은 다른 문화를 강제로 차용시킨 것이었다. 즉 백인 문화의 요소를 가지고 와서 새로운 전체(피 식민국) 속에 끼워 맞추려는 것이다. 이것이 문화진화론의 문화를 보는 관점에서는 큰 문제점이었다고 할 수 있다.

나. 오리엔탈리즘

오리엔탈리즘이란 어떤 무엇인가? 오리엔탈리즘은 서양이 동양을 바라보는 시각과 관념을 가리키는 말이다. 오리엔탈리즘은 동양을 서양의 타자라는 인식으로 출발한 관념이기 때문에, 서양이 동양과 관계하는 방식으로서 서양이 동양에 대해 가지는 태도나 관념, 이미지 그리고 이를 총괄한 담론이라고 정의 내릴 수 있다.

에드워드 사이드는 오리엔탈리즘에 대해 동양에 대한 서양의 사고, 인식, 표현의 본질을 규명함과 동시에 그것이 기본적으로 동양에 대한 서양의 지배와 직결된 것임을 밝혀, 앎과 힘 -지성과 권력-의 관계를 식민지적 상황에서 인식시키려 한 것이다.[13]

오리엔탈리즘은 서양이 동양을 식민지화하고 지배하는 데 중요한 역할을 했다. 서양은 오리엔탈리즘을 통해 동양을 야만적이고 미개한 것으로 왜곡하고 동양인들을 통제하고 착취했다. 또한, 오리엔탈리즘은 동양인들에게 자기혐오와 열등감을 심어주어 동양인들이 서양에 동화되도록 만들었다.

오리엔탈리즘의 특징은 다음과 같이 요약할 수 있다.

13) Edward W. Said, 박홍규 역,『오리엔탈리즘』, 교보문고, 1998

먼저 동양을 서양의 타자로 보는 시각, 동양을 서양보다 열등한 것으로 보는 시각, 동양을 신비롭고 미지의 것으로 바라보는 시각, 동양을 서양의 문화와 문명에 동화시키려는 시도의 대상으로 한 것 등이다.

이러한 시각들은 동양에 대한 서양의 인식에 부정적인 영향은 물론이고 동양에 대한 차별과 편견을 조장한 것이다. 이러한 것들이 어울려서 오리엔탈리즘은 동양에 대한 식민지 정책과 제국주의를 정당화하는 데 사용되었다고 할 수 있다.

오리엔탈리즘은 오늘날에도 여전히 존재한다고 할 수 있다. 서양의 미디어와 문화에서 동양은 여전히 야만적이고 미개한 것으로 왜곡되고 있기도 하다. 이러한 왜곡된 이미지는 동양인들에게 부정적인 영향을 미치고 있다.

이상에서 본 대로 서양의 동양에 대한 시각, 그리고 서양의 타자 인식에서 비롯된 인식들이 18C 말 식민지주의를 정당화하는 논리로 활발하였기 때문에 가장 늦게 서양 열강의 대열에 참가한 일본도 같은 방식으로 타자 즉, 다른 민족(대만, 조선 등)을 서구와 같은 시점에서 바라보려고 하였다.

다. 문화변용론

문화진화론은 서양의 식민지주의와 함께 번성했고 식민지주의보다 먼저 쇠퇴했다. 1920년대에는 문화변용론이 문화진화론을 대체하였다. 앞에서 언급한 듯이 문화진화론이 쇠퇴한 원인의 하나는 아이러니하게도 식민지주의 그 자체였다. 문화진화론의 쇠퇴와 더불어 문화변용론이 등장한다.

문화변용론을 최초로 주장한 사람은 문화인류학자 프란츠 보아스 (Franz Boas, 1858-1942)였다. 그의 문하에서 마거릿 미드(Margaret Mead, 1901-78), 루스 베네딕트(Ruth Benedict, 1887-1948) 등 다수의 문화인류학자가 배출되었다. 보아스와 제자들은 문화 변화에 관한 많은 사례연구를 축적하였고, 1930년대 중반에 새로운 문화 변화의 발상인 문화변용(cultural change) 이론을 확립하게 되었다.

보아스가 문화 변화의 사례연구를 통해 문화 요소를 연구자가 자의적으로 분류하지 말고 그 문화 요소와 다른 문화 요소 사이의 내적 관계를 규명하고자 하였다. 보아스는 모건처럼 인류라는 커다란 단위로 생각한 것이 아니고 각각의 문화 단위로 볼 것을 제창했다. 문화진화론이 인류사적이고 거시적인 시각이라면, 문화변용론은 개별문화별로 문화의 변화를 생각하는 미시적인 방법으로서 제창되었다.

식민지 행정도 문화와 문화의 교류 접촉이었다. 식민지 행정관은 비록 잘못되었는지는 모르나 식민지에 다양한 서양의 문물을 들여왔고 살육이나 갈등도 일으켰는데, 이것도 현지 문화에 얼마간의 변화를 초래하는 과정이었다. 즉 문화의 변화를 초래하는 문화 요소는 내인(內因)과 외인(外因)도 간과할 수 없다. 그리하여 차용과 발견 발명의 양쪽을 아울러서 개별의 문화 각각에 관해 미시적으로 문화변용의 메커니즘을 관찰하고, 그 문화를 담당하는 사람들의 필요성까지도 생각하여 구체적으로 분석하려는 것이 보아스가 제창한 문화변용론이다. 문화변용론은 개별의 문화가 문화 담당자들의 노력으로 새로운 문화 요소를 산출하며, 각각의 환경 속에서 살아갈 필요성에 입각하여 새로운 문화 요소를 만들어간다고 생각한다. 이러한 점에서 문화변용론은 기본적으로 내인을 중시하지만 외인도 무시하지 않는다. 이처럼 문화변용론의 관점에서 탄생한 것이 문화상대주의라고 할 수 있다. 즉 문화를 우열관계로 보는 것을 완전히 부정한 관점이다.

예를 들어보면 다양한 문화 사이에는 어느 것이 옳고 그런 것인가 또 좋고 나쁜 것인가라는 평가는 내릴 수는 없다. 예를 들면 한국의 한복과 베트남의 아오자이를 두고서 어느 것이 좋다 나쁘다고 평가는 내릴 수가 없다는 것이다. 각 나라의 관습이나 환경의 영향에 의한 문화의 고유성을 인정해야 하기 때문이다. 따라서 각 문화와 문화의 차이는 상대적이라고 할 수 있다. 그 사회의 문화는 그 사회의 구성원들에게 가치가 있지만 다른 문화를 가진 사람들에게는 기이하게 보일지도 모른다. 따라서 문화의 상대성(Cultural relativity)을 인정해야 한다.

4. 문화변동의 과정

문화는 변화한다. 문화가 줄곧 안정되어 불변한다는 일은 있을 수 없다. 인간과 환경의 상호작용 속에서 문화는 만들어지므로 문화를 만들면 그것은 환경을 바꾸는 것이 되며, 환경이 변하면 문화도 변하지 않을 수 없게 된다. 문화와 환경 사이에는 환류(feedback) 관계가 존재하므로 문화의 변화는 실제로는 끊어졌다 이어졌다 하는 것같이 보일지 모르나 논리적으로는 끊임없이 일어난다. 그리고 이 문화와 환경 사이의 환류 관계에서 문화 변화 이론은 환경문제에 관해서도 기본적인 이해가 가능하다.

가. 내발적 변화와 외발적 변화

문화가 변한다는 대전제에서, 문화가 변하는 구체적인 메커니즘을 생각해보면 그것은 발견과 발명에서 비롯된다. 발견이란 우연히 삶의 방식에 적합한 새로운 문화 요소를 찾아내는 것이다. 문화를 만들어 환경을 바꾸고 그 바뀐 환경에 맞추어 다시 문화를 바꾸지 않으면 안 되기 때문에 사람들은 언제나 적합한 문화 요소를 찾는다. 그리고 우연히 발견한 문화 요소가 적합하다면 문화 속에 포함한다. 이것이 발견이다.

한편 발명은 '목적을 가진 발견'이다. 즉 문화의 어떤 부분이 어느 시대 삶의 방식에 잘 기능하지 않을 때 '더 좋은 것을 찾아내지 않으면 안 된다'며 실험이나 탐구 등 목적을 가진 시도를 통해 기존의 것보다 바람직한 문화 요소를 발견하는 것이 발명이다. 보다 근본적으로 말한다면 문화의 변화가 발견과 발명으로 생기는 배후에는 사람들의 필요성이 있다. 필요성이 없으면 발명의 의미도 없다. 바꾸어 말하면 지금부터 검토하는 문화변용론이나 문화접변론에서의 근본 개념은 사람들이 살아가기 위한 '필요성'이다. 발명의 다른 하나의 원동력으로서 호기심을 예를 들기도 한다.[14]

나. 외발적 변환 – 차용·모방

문화의 변화를 가져오는 또 하나의 방법은 차용이다. 어떤 사회 사람들이 자신들이 발명이나 발견을 하지 않고 다른 사회 사람들이 이미 사용하고 있는 문화 요소를 빌려오는 것이다. 차용에는 창조성의 결여라는 이유로 모방이라고도 한다. 발명·발견으로 시작되는 문화 변화는 '내발(外發)적 변화'이지만, 차용·모방에 의한 문화 변화는 '외발(發)적 변화'라고 해서 후자가 낮게 평가되기도 한다. 그러나 차용도 사실은 필요성에서 나오는 행위이다. 필요성이 있어야 발견 발명이든 차용이든 하는 것이다. 문화 변화의 출발점이 내인(內因)에 있느냐 외인(外因)에 있느냐의 차이는 있어도 필요성이란 점에서는 같으므로 차용·모방을 일률적으로 부정할 수는 없다. 또한 엄밀히 말해 차용과 모방은 다르다. 어떤 자연환경에 대응해서 만들어진 문화 요소를 차용한다는 것은 그 문화 요소를 다른 자연환경에

14) 鶴見和子,『好奇心と日本人-多重構造社会の理論』, 講談社 現代新書, 1972

둘러싸인 문화 시스템 속에 이식한다는 것이다. 빌려온 요소가 그대로 기능을 발휘할 수는 없고, 문제는 이식 후의 변화이다. 이 변화가 문화접변이다. 문화접변은 문화의 창조행위라 말할 수 있다. 차용은 그 후에 계속되는 창조행위가 필요하다는 점에서 독자적인 창조행위를 포함하지 않는 모방과는 다르며, 오히려 발명·발견에 가깝다.

다. 혼합형 변화 - 전파

어떤 문화가 다른 문화로부터 어떠한 문화 요소를 차용하는 과정은 그 문화 요소가 어느 한 문화로부터 다른 문화로 이동하는 데에서 시작된다. 이 문화 요소의 문화 간 이동을 '전파(diffusion)'라고 한다. 차용하는 측 문화의 입장에서 보면 상대방 문화로부터 전파되어 오는 외래 문화 요소를 차용하는 것이 된다.

'전파'는 외인에 의한 문화 변화를 이해하는 데 필수적인 기본 개념의 하나로서 색깔이 없는 추상적인 개념이다. 그러나 전파의 실제 과정은 색채가 풍부한 다양한 측면을 갖는다. 하나의 문화 요소가 전파 과정에서 이동하는 거리는 다양한데, 그 가운데에 상식을 뛰어넘을 정도의 먼 거리를 넘는 전파도 있다. 또한 전파는 다양한 매체(media)를 통해 발생한다. 역사를 보면 망망대해에서의 난파를 통해서도 문화 요소의 전파가 되풀이되었다.

현대 국제사회에서는 전자미디어를 통한 '정보'의 형태를 띤 문화 요소의 전파가 무수히 발생하고 있는데, 이는 오늘날의 문화와 문화 변화를 생각할 때 현대 특유의 중요한 요인이 되어 있다. 또한 전파는 다양하고 구체적인 인간을 매개로 해서 이루어진다. 문화 요소의 전파를 의식적으로 추구하는 사람들이 있는 반면에, 의식하지 않는 가운데 문화 요소를 전파하는 역할을 담당하는 사람도 있다. 어쨌든 간에 전파는 외래문화 요소에 의한 문화 변화의 출발점에 지나지 않는다. 문화 변화에 연결되지 않는 문화 요소의 전파도 있다. 전파되어온 문화 요소를 자신들의 문화 변화에 필요한 것으로 채택할지 아닐지는 받아들이는 측의 문화 담당자들이 필요에 따라 결정하는 것이다.

5. 문화접변의 메카니즘

문화접변은 시간의 변화에 따른 변화의 하나의 과정이다.[15]

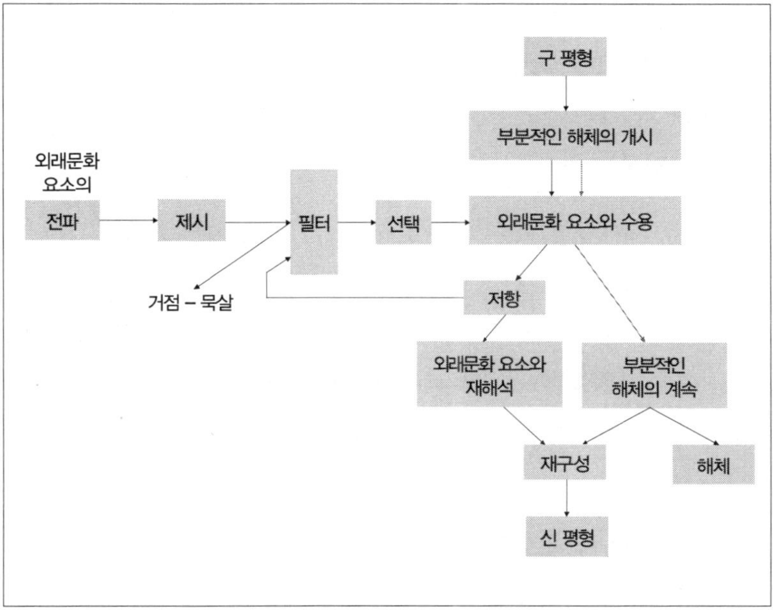

문화접변의 과정 흐름도

위 그림에서 나타나듯이 문화접변은 기본적으로 하나의 문화가 과거 평형상태에서 새로운 평형상태로 이르는 과정이다. 중요한 것으로 문화를 하나의 시스템으로 본다면 문화변동은 이와 같은 흐름이 반복적으로 일어나고 있다는 것이다. 즉 문화는 고정된 것이 아

15) 히라노 겐이치로, 앞의 책, P.89 재인용

니라 끊임없이 움직이며 변화가 일어나고 있다는 것이다. 2020년 발생한 코로나19의 팬데믹 현상을 사례로 하여 전개하기로 한다.

가. 구 평형

특정 시점을 기준으로 해당 문화가 안정상태에 놓여있는 것을 의미한다. 시스템적으로 보면 일정한 문화접촉에 의한 안정이 이루어지는 상황이다. 즉 새로운 문화 요소가 접촉되기 전 단계라고 할 수 있다.

2020년 코로나19가 시작되기 전의 상황을 상상해 보자. 정체도 불명한 바이러스에 의한 충격이 오기 전까지 모든 개체는 평형상태를 유지하고 있었다. 즉 시점으로는 코로나19에 의한 팬데믹 선언이 이루어지기 직전의 상황이라고 할 수 있다.

나. 부분적 해체의 개시

과거 접촉된 새로운 문화 요소에 의해 개체의 부분적 해체가 시작되는 과정을 의미한다. 여기서 개체는 개인, 조직, 집단, 에스니시티, 국가 등 모두가 포함된다. 새로운 문화 요소의 크기나 강약 등에 의해서 다를 수 있으나 이미 존재하는 문화 요소의 부분적 해체는 피할 수 없는 것이다.

코로나19 바이러스에 의한 문화 충돌은 개인, 조직, 국가 그리고 국제사회에 엄청난 충격을 주며 다가왔다. 그로 인해 감염자 대폭적인 증가와 인간의 삶 자체가 흔들리는 초유의 사태가 발생한 것이다. 정체불명의 바이러스(문화 요소)에 의해 강제적으로 문화접촉을 당한 것이다. 이때부터 문화 주체인 각 개인은 물론 조직, 국가, 국제사회는 평형을 잃고 흔들리기 시작하는 과정이다.

다. 외래 문화 요소

과거 평형상태에서 새로운 문화 요소가 문화 개체에 '전파'되는 과정을 의미한다. 항시 일어날 수 있는 문화 요소의 전파 과정이다. 위 그림에서 알 수 있듯이 전파 과정은 기존의 개체에 대해 새로운 문화 요소가 '제시'되는 과정이 이어진다. 새로운 문화 요소에 대해 개체의 입장이 대두된다. 즉, 각 개체는 사회적 관습이나 가치관 등에 의해 새 문화 요소에 대해 '필터링'을 하게 된다. 새 문화 요소에 대한 필요성이나 적합성을 판단하게 된다. 이 과정에서 필터 역할을 하는 것이 사회적 관습이나 사고 가치 등에 의한 가치관이 중심을 이룬다. 그 필터링 즉 판단 결과에 따라 거절하기도 하고 묵살하기도 하는 '선택'을 한다. 개체의 입장에 따라 선택과정이 이루어지는 외래문화 요소에 대한 수용과정이라고 할 수 있다.

코로나19 바이러스가 전 세계적으로 전파되는 팬데믹 과정에서 그 누구도 상상하지 못한 일(문화접변)이 일어난 것이다. 개인, 집단 조직, 국가는 물론이고 국제사회까지도 새 문화 요소(코로나19 바이러스)에 대해 필터링을 하게 된다. 그러나 강제 문화접변이므로 개체의 가치관에 따른 필요성이나 적합성은 무시되고 거절, 묵살 등 선택과정을 거치게 된다.

라. 외래문화의 수용

평형상태에서 위의 전파-제시-필터링-선택이라는 문화수용의 과정이 이루어지면 각 개체는 어떤 형태로든 외래 문화수용의 과정이 이루어졌다고 할 수 있다. 수용과정에서 필터링을 통하여 필요성이나 적합성에 따라 '저항'하기도 하고 동화하기도 할 것이다. 저항의 형태로는 앞서 제시된 거절이나 묵살이 있을 수 있다.

코로나 19 바이러스는 WHO에 의해 팬데믹으로 수용되었고 결과로는 개인이나 국가 나아가서 국제사회에 문화 충돌을 일으키며 문화접변이 이루어졌다. 개인으로는 건강 및 안전을 위해 필터링을 하며 코로나19 바이러스에 의한 문화접변을 수용한 것이다.

마. 외래 문화 요소의 재해석(Reinterpretation)

외래 문화 요소의 수용과정에서 각 개체는 소위 새 문화 요소에 대해 대응을 하는 과정이다. 새 문화 요소에 대응을 위해서는 각 개체의 태도가 선택적으로 이루어지고 그 선택의 기준은 가치관이나 사회적 관습이 기준이 된다는 것은 앞서 언급하였다. 그 필터에 의해서 어떻게 대응할 것인가 결정되는 것이다. 대응의 한 방법으로 재해석 과정이 있다. 여기서 해석이라는 어휘의 의미를 살펴보면 사전적 의미로서 '사물이나 행위 따위의 내용을 판단하고 이해하는 일. 또는 그 내용'이라고 정의되고 있다. 따라서 재해석은 기존의 이해과정이나 내용을 새로운 관점에서 다시 해석한다는 의미일 것이다.

새롭게 제시된 문화 요소를 수용하는 과정에서 주관 및 객관에 의한 재해석 과정이 동반된다는 것이다. 이 과정은 문화 주체인 각 개체가 새 문화 요소를 수용하는 과정에서 스스로 가치관에 의존하여 적극적인 대응을 하는 것에 해당한다. 그 과정에서도 외래 문화 수용에 의한 부분적 해체는 끊임없이 일어나고 있었다.

코로나19 바이러스에 의한 문화 충돌은 초기 대응 실패로 많은 사상자가 발생하였다. 국제사회의 덕목이었던 공생의 가치도 상실되는 듯이 각국은 국경폐쇄로 국가주의로 되돌아가기도 했다. 비대면과 같은 사회적 규제와 개인의 위생관리라는 절대적 위기 앞에서 개인의 삶은 파괴 그 자체였다. 즉, 각 개체는 코로나19 바이러스라는 거대한 문화공습 앞에서 그 존재 자체가 초라하게 무너진 것이다. 그에 대한 대응으로 국제사회는 백신 개발, 국제방역 그리고 비대면 규제로 대응한 것이다. 그런 대응 과정 중에도 국가끼리의 공조 이탈과 자국중심주의로의 회귀 등으로 국제사회의 정치, 경제적 불안은 계속 이어지고 있었다. 코로나 19에 의한 문화충격은 EU의 연합체가 흔들리는 불안한 모습을 보이기도 하였다. 코로나19 팬데믹 동안 세계 경제는 금리폭등과 고물가에 의한 인플레이션으로 파괴되어 갔다.

바. 재구성(Reconstitution)과 번역(Translation)

새로운 문화 요소에 적응과 대응 과정을 거치면서 각 문화 주체는 또 다른 대응을 한다. 즉, 새로운 문화 요소에 대한 '응용과정'이라 할 수 있다. 새로운 문화 요소에 재해석 과정을 거치면서 주관적인 응용이 일어나는 것이다. 기존의 문화 요소와 새 문화 요소와의 융복합(Convergence)이 일어나는 과정이라 할 수도 있다. 이 과정은 문화 주체인 각 개체의 생존을 위한 또 다른 문화 해석이라 할 수 있다.

번역은 '어떤 언어로 된 글을 다른 언어의 글로 옮김'이라는 의미를 나타낸다. 여기서 언어는 인간이 사용하는 인간만의 코드를 대변해 주는 것으로 볼 수 있다. 즉 문화 주체인 각 개체가 새로운 문화 요소를 자신의 방식으로 바꾸는 활동을 의미하는 것이다. 이상의 재구성과 번역 과정은 새로운 문화 요소의 수용과정에서 나타나는 응용과정이라 할 수 있는 것이다.

코로나19에 의한 각종 규제는 개인 생활에 많은 제약이 따랐다. 특히 집단활동에 대한 규제는 이른바 '비대면' 활동으로 변경되어 이루어졌다. 모든 분야에서의 접촉은 비대면 방식으로 전환되어 화상 미팅 및 SNS 방식으로 이루어져 이른바 플랫폼 기업들의 성장이 두드러졌다. 번역 과정의 예를 든다면 비대면 방식에 의한 새로운 범죄 방식이 생긴 것 등이 있다.

사. 새로운 평형과 창조

과거의 평형상태에서 새로운 문화 요소의 전파로 문화접변이 시작되고 마지막 과정인 재구성과 번역 과정이 지나면 새로운 평형상태로 문화적 안정으로 돌입한다. 과거 평형상태와 비교해보면 새로운 문화 요소에 의한 문화접변의 결과는 또 다른 모습으로 자리 잡고 있음을 알 수 있다. 즉 새로운 평형상태에 도달해 있는 것이다.

문화 충돌에 의한 파괴와 대응 및 응용과정을 거치면서 문화는 한층 더 다양한 형태의 새로운 모습을 드러낸다. 각 개체는 다시 평온한 문화를 누리면서 안정을 취할 수 있지만 새 문화 요소에 의한 충격의 흔적은 새로운 문화 형태로 남게 된다. 이러한 과정의 끝에는 늘 안정과 창조로 이어진다.

코로나19에 의한 문화충격은 거대하였다. 삶과 죽음의 공포 앞에서 인간의 문화 시스템은 무너지고 파괴되며 또 다른 문화를 만들어냈다. 특정 바이러스에 의한 불안 요소는 인류문화 자체를 흔들어 국제사회, 개별국가, 집단 조직, 개인의 삶에 이르기까지 문화 변화를 겪게 하였다. 코로나19에 의해 국제사회는 다시 공생의 의미를, 국가는 국민문화의 소중함을, 집단 조직은 생존의 의미를, 각 개인은 생명의 소중함을 알게 해준 문화적 기회였다고 할 수 있다. 그 이후 새롭게 자리 잡은 비대면 문화는 코로나19에 의한 새로운 문화 창조의 결과라고 할 수 있다.

이상에서 새로운 문화 충돌에 의한 문화접변은 새로운 문화 창조과정이라고 할 수 있다. 이 문화접변 시스템의 반복과정을 통하여 문화는 늘 변화하게 되고 새로운 문화창조로 이어진다.

Ⅱ
국제관계와 문화

자기와 타자

오늘날 우리는 복잡하게 연결된 세상을 살아가고 있다. 한 가족의 일원으로서 나아가 지역사회의 한 구성원으로서, 국가의 국민으로서 그리고 국제사회의 소시민으로서 다양한 관계를 형성하고 있다.

잠시 눈을 돌려 세계를 향하면 이 지구상에서 수많은 일이 생기기도 하고 사라지기도 하는 현상을 직접 목격할 수 있다. 지구 건너편에서 일어나는 전쟁, 기근, 그리고 지진, 질병 등 이해관계를 떠나 수많은 분쟁이 과거부터 오늘날까지 어떤 형태로든 이어지고 있다. 그런데 지구 저편에서 일어나는 크고 작은 일들이 이편에서 살아가는 개인의 삶과 전혀 무관할까?

이런 환경 가운데 사람들은 같은 지구상의 연속된 공간을 살면서 그 공간을 서로 나누고 각자의 공간에 집단을 형성해서 살고 있다. 자기를 확인하고 또 타자로서의 상대를 인정하면서 각 개체집단의 구성이 크든 작든 그 가운데에서 구분하며 살아가고 있다고 할 수 있다. 여기서 우리는 자타 인식과 더불어 공생하고 있는 '관계'라는 개념을 생각하게 된다. 나아가 여기서 서로 다른 개별문화가 발생한다. 개별문화에는 각각의 경계가 있는 것이고 실제로도 문화의 차이가 느껴질 정도로 문화의 경계는 여러 차원에서 존재한다.

한편 근대에는 국가사회가 사람들 집단으로서 압도적인 지위를 차지하였다. 근대 국가는 영역 주권국가로서 국경이라는 강고한 울타리로 스스로 둘러싸고 외부에 대해 배타적이고자 한다. 동시에 국민문화는 문화에 의해 형성되는 것이기 때문에 국경과 문화의 경계가 겹치는 특징을 띠게 되었다. 하나의 국민국가에 속하는 사람은 다른 경계 밖의 사람에 대해 배타적으로 된다. 사람은 국민국가의 구성원이기에 문화적으로나 국경으로나 타자를 구별하는 의식을 가지게 된다. 이 구별하는 의식으로 인해 국제관계에서 생겨나는 것이 오해와 편견과 차별이다.

국제관계와 문화성

국가와 국가의 관계는 무엇이며 또 어떻게 존재하고 있는가를 생각해보자. 간단히 말하자면 국제관계는 국가와 국가의 관계다. 즉 특정 국가와 국가와의 연관성을 바탕으로 하여 국제관계가 성립한다고 할 수 있다. 국제사회는 각각의 국가들이 상호관계를 형성하며 존재하면서 그 국가들끼리 접촉과 교류가 이루어지는 현장이 국제사회라고 할 수 있다. 따라서 국제사회는 국가와 국가의 관계 속에서 형성되는 국가 단위의 조직체라고 할 수 있다. 오늘날 국제연합을 비롯하여 NATO, ASEAN, EU 등 모두가 국제관계 속에서 이루어진 형태라고 할 수 있다.

각각의 국가는 저마다 개별적 특성을 고려하여야 하고 실제로 대소와 강약이 다른 다양한 국가가 존재하므로 국가와 국가의 관계를 생각해보는 것은 우리의 현재 위상을 스스로 또 제3의 입장에서 바라볼 수 있는 나름대로 의미가 있는 일이다. 그러나 사람들이 살아가는 데 국가가 필요하고 국제사회를 필요로 한다는 관점에서 또 문화의 이해방식에서 본다면 국제관계 그 자체가 인간의 문화라 볼 수 있으므로 국가끼리의 관계인 국제관계도 문화적인 관계이다. 왜냐하면 무엇보다도 하나의 국가가 문화적 단위이기 때문이다.

국민국가와 문화공통성

오늘날의 국민국가를 '국민'국가로서 강력한 사회적 통합체로 만드는 것은 일정 정도 이상의 문화의 공통성이다. 그렇다면 국제관계의 기본적인 단위가 이처럼 문화적인 원리에 의해 형성된다는 의미에서, 오늘날의 국제관계는 우선 문화적인 관계로 간주해야 할 것이다. 근대 국제사회의 기본 단위인 국가 전체가 똑같이 문화 공통성의 원리로 완전히 형성되어 있으나 개별적 국가에 대한 문화 공통성 원리는 현실적으로 불균등하게 작용한다. 문화적 공통성의 여러 요인 중에서 가시적 척도의 대표는 언어 즉, 모국어다. 언어에 의해서 문화적 공통성이 가장 활발하게 발생한다고 할 수 있는 것이다. 그 밖에 민족, 종교 등의 요소 등도 있다.

과거 유럽의 근대 국제사회가 세계를 뒤덮고, 국제관계가 세계 공통이 되어가던 즈음에는 국제관계의 문화성도 역사상 최대 상태였다고 할 수 있다. 즉 근대 국제사회의 단위인 근대 국가가 다름 아닌 문화적 단위라는 것이다. 그것은 국왕이나 황제를 절대적 주권자로 하는 이전의 국가와는 달리, 근대 국가는 국민을 주권자로 하는 국민국가라는 특성을 갖기 때문이다.

사람(people)이 국민(nationality)으로 통합되어가는 과정은 정치적인 의미도 있지만 동시에 문화적이며, 오히려 문화적 통합이 정치적 통합의 기반이 되기도 한다. 이른바 국민문화가 모습을 갖추어 갈 때 하나의 국민국가가 형성되어간다. 여기서 국민은 언어, 문화, 역사, 종교 등 다양한 요소로 구성된다는 것, 이러한 요소들이 국민 공통의 정체성을 형성한다는 것에 주목할 필요가 있다.

예를 들면, 오랫동안 스웨덴 지배하에 있었던 핀란드가 근대적 핀란드공화국으로 다시 태어나는 과정은 사람들이 사회적·정치적으로 움직이게 되고 다수파가 스웨덴어가 아니라 핀란드어를 말하는 등 핀란드풍의 문화가 주류가 이루어지는 변화 과정이었다. 즉 스웨덴의 지배라는 타문화와의 문화접변을 겪었으나 언어를 비롯한 공통된 문화의 성립이 배경이 되어 비로소 핀란드 국민국가가 탄생할 수 있었다는 것이다.

또 근대일본의 국민국가 형성을 살펴보면, 첫째로 원래 국내의 문화적 공통성이 높았고, 둘째로 중앙집권적 메이지 정부가 의무교육 등 근대화를 급속히 추진했기 때문에 국민적인 문화의 공통성이 고도로 실현되었다는 점을 지적할 수 있다. 근대 일본의 국민국가 형성이 비교적 쉬웠던 이유도 이 두 가지 점, 특히 첫 번째에서 찾을 수 있을 것이다. 국민국가의 내면적인 독립은 바로 문화적 통합과정의 산물이었다. 언어, 사고 양식, 행동양식 등 문화의 공통성이 높아지면서 사람들의 사회적 커뮤니케이션이 촉진되고 정치적 결단에 필요한 의사의 공통화가 실현되어 국민국가가 형성되는 것이다.

에스닉그룹

인간을 '문화의 공통성'이라는 틀을 이용하여 집단화한 것을 에스닉그룹이라고 한다. 문화의 공통성이 높아짐으로 국민통합이 실현되고 국민국가가 형성된다고 하지만 완전한 국민통합이라는 것은 있을 수 없다. 어떤 국민사회에서는 사회적 정치적 동원과정과 문화 공통성의 과정에 가담하지 않으려는 사람들이 별도의 집단을 이루고 있다. 이러한 집단을 에스닉 그룹(ethnic group)이라고 부른다. 실례로 캐나다의 퀘백, 프랑스의 브루타뉴, 스페인의 바스크, 북아일랜드, 영국의 웨일즈 및 스코틀랜드 등이다. 이들 그룹은 정치, 경제, 사회 등 이른바 문화 차이를 근거로 다수 국민으로부터 결별을 요구하고 있다.

Q. 영국 국가 구성은?

국제관계와 문화마찰

국제관계의 문화성을 잘 보여주는 하나의 현상으로 국가 간의 갈등, 마찰, 분쟁이 있다. 그리고 또 다른 현상으로 이문화 접촉에서 사람들이 경험하는 오해, 마찰, 분쟁은 문화마찰이라 부를 수 있다. 이런 종류의 문화마찰은 사람들이 국경을 넘은 국제관계를 경험하는 곳에서 발생한다. 이러한 경험의 장에서는 사람들의 서로 다른 문화가 직접 부딪치게 될 것이다. 문화마찰의 빈번한 발생은 현대 국제사회에 등장한 새로운 현상이다. 이렇게 볼 때 국제관계의 문화성은 우선 국제관계를 영위하는 다양한 주체가 문화적으로 구성된 존재라는 데에서 생겨난다. 그리고 이러한 다양한 주체가 문화 공통성의 원리에 의해 구성되어 있다고 해도 그 원리의 작용이 실제로는 불균등하기 때문이다.

문화변동 주체의 국제 이동

국제관계에서 문화변화의 요인은 이른바 '사람·물건·자본·정보'의 국제 이동이다. 국제사회에서 사람들이 국경을 넘어 국제적으로 이동하는 일이 대량으로 이루어지고 국제적인 이미지의 종류와 관련되는 물건·자본·정보도 왕성하게 국제 이동하게 되었다. 국제 이동이 쉬워졌고 그로 인해 사람들은 에스닉 문화를 가지고 국경을 넘게 되는 것이다. 아울러 물건과 정보와 자본도 대량으로 국제 이동하는 것은 흔한 일로 되어 있다. CNN, 유튜브 같은 매스미디어의 발달은 문화의 경계를 고려할 여지가 없어 보일 정도다.

이러한 사람, 자본, 사물, 정보의 대량 국경을 넘는 이동은 반드시 국가 간의 국제관계를 형성하는 과정이고 그 과정에서 문화접변은 필연적으로 이루어질 수밖에 없다. 따라서 국제사회에서 국가 관계는 그 자체가 문화 관계로 이어질 수밖에 없다. 그러므로 국제관계는 문화 관계라고 설정할 수 있다.

문화의 유사성

이동하는 차는 아무리 서로 비교해보아도 엔진도 모양도 닮았고 재료도 비슷하다. 문화 요소가 전 세계에 전파되었다고 생각하면 대답은 당연하다. 그러나 시간적·공간적으로 전파가 일어났다고는 도저히 생각할 수 없는 두 지점 사이에서 어떤 문화 요소가 유사한 사례가 있다. 외인에 의한 변화가 아니라 내인에 의한 변화, 즉 서로 관계없이 독립적으로 이루어진 발명·발견에 의한 변화라고 볼 수밖에 없는 문화 요소 사이에도 유사성이 존재한다.

우선 차는 굴러가야 하고 빨리 이동하는 것이 바람직하다. 엔진은 빠른 속도로 차를 이동시켜야 하며 이를 위해서는 가능한 한 높은 출력으로 힘을 내는 것이 좋다. 이러한 기능은 언제 어디서나 똑같아서 서로 비슷한 재료를 사용하게 되는 것이다. 이론적으로는 생활의 필요를 위해 무한한 문화 요소가 만들어질 수 있지만, 현실적으로 인간이 가질 수 있는 목적, 수단, 재료는 제한적이기 때문에 새로운 요소를 만들 가능성이 무한정 존재하지는 않는다. 그러므로 문화는 유사성을 공유하게 되는 것이다.

문화와 문명

영국 인류학자 에드워드 타일러는 문화란 지식, 신앙, 예술, 도덕, 법률, 관습 등 인간이 사회구성원으로서 획득한 능력 또는 습관의 총체라고 정의하였다. 나아가서 문화인류학의 입장에서는 나아가서 문화를 인간의 사유, 행동의 양식에서 볼 수 있는 독특한 산물이라고 특징 지웠다.

문명의 개념은 두 가지로 나눌 수 있는데 그 하나는 문화와 대치되는 개념으로 보는 경우다. 문화가 정신적이고 가치적 소산을 의미하는 것에 대해 물질적, 기술적 소산을 문명이라고 하는 것이다. 또 다른 하나는 문화인류학의 입장에서 문화중에서도 도시적인 요소, 고도의 기술, 작업의 분화, 사회 계층분화를 갖는 복합문화를 커다란 하나의 단위로 파악한 총체를 문명이라고 하는 경우다.

즉 문화는 인간의 생활 전반이며 문명은 그중의 일부 즉 문명적인 문화 요소로 보는 것이다. 따라서 문명적인 문화 요소란 고도로 발달한 복합적인 요소 때로는 도시적인 요소이고, 따라서 복수의 개별 문화를 초월하는 보편성을 가질 수 있는 문화 요소다. 미야자키 마사츠는 문화의 정의에서 문명은 문화의 의식적 측면, 즉 기계적 제도적인 문화 요소의 집합이며 또한 수출 가능한 문화 요소의 집합이 된다고 하였다.[16]

그런데 이 두 가지의 어휘를 같은 개념으로 섞어서 사용 경우도 있는데 분명하게 하기 위해서는 문화가 정신적인 측면을, 문명은 기

---

16) 山崎正和,『近代の擁護』PHP研究所, 1994

술적 측면을 지칭한다는 것이다. 즉, 문화는 인간의 정신개발과 관련있는 학문, 종교, 예술, 교육을, 문명은 인간 외부의 자연과 연계한 산업, 기술, 경제, 제도 등을 대상으로 하는 개념이다.

Q, 신라 문화와 신라 문명, 전통문화와 전통 문명?

문명의 충돌

새뮤얼 헌팅턴(Samuel Huntington, 1927-2008)

냉전 후 국제사회에서의 자기와 타자의 문제에 관해 장대한 문제를 제기한 것이 새뮤얼 헌팅턴(Samuel Huntington, 1927-2008)의 '문명의 충돌'론이다. 국제문화론에서 문화와 문명의 차이점을 헌팅턴의 '문명의 충돌'론은 좋은 소재가 되기도 한다.

헌팅턴은 냉전 후의 세계를 구분하는 데 의미가 있는 것은 각국의 정치 또는 경제 시스템이나 경제발전 단계 등이 아니라 국가들의 문화와 문명이라 주장한다. 그는 7, 8개의 문명을 구분하고 그들 사이에는 깊은 단층이 있으므로 앞으로 일어나는 세계대전은 서로 다른 문명 사이에서 전쟁의 형태를 취할 것이라고 예언한다.[17] 분명 1991년 걸프전쟁 이후 세계 각지에서 빈발하는 민족분쟁, 특히 종교전쟁의 색채를 띤 민족분쟁에는 문명 간의 충돌을 생각하게 하는 측면이 없는 것은 아니다. 그러나 이것과 두 문명이 총체적으로 전쟁을 한다는 것은 별개의 일이다. 기독교도 집단과 이슬람교도 집단이 싸우고 있는 것 같은 경우에도 기독교 문명과 이슬람교 문명이 충돌하고 있는 것은 한가지 단면에 불과하다. 전쟁을 하는 것은 두 집단이다. 그리고 그 집단을 구성하고 있는 것은 문화이며, 문명이라 불리는 요소는 그 문화의 일부인 것이다. 즉 헌팅턴이 문명이라 부르는 것은 구체적 문명, 문명권을 말한다. 하나의 문명은 하나의 문화적 존재(집단)라고 한다. 문명을 문화에 의해 정의하고 있으므로 문화가 포괄적인 상위 개념이다.

이 책에서 지향하는 국제문화론은 국제관계를 문화의 관점에서 보며 문화변용을 논하는 것이다. 영어로 표현하자면 Theory of International Cultural Transformation이 될 것이다. 즉 국제관계 그 자체가 하나의 문화라 생각하고 국제관계 전체를 문화변용의 관점에서 이해하고자 한다. 국제문화론의 구체적인 내용은 '문화접변'에 관한 것이다. 이것은 문화 요소가 국경을 넘어 움직이면서 생기는 문화접변이라는 현상에 관한 고찰이다. 움직이는 문화 요소가 국제관계를 만들어내는 것이다. 또 다른 하나의 관심은 '문화변동의 주체'가 국

17) 새뮤얼 헌팅턴,『문명의 충돌』, 김영사, 1998. p.243

제 이동으로 인해 만들어내는 국제관계에 있다. 오늘날 국제관계의 가장 큰 특징은 문화변동 주체의 다양화라는 것이다. 또한 실제 사람·물건·자본·정보의 국제 이동이 대량으로 이루어지고 있는 상황에서 국경의 '탈국경화(borderless)'도 또 하나의 큰 특징임은 분명하다. 물론 국경은 사라지지 않았고 앞으로도 상당히 오랫동안 존속할 것으로 생각되지만, 문화변동 주체의 다양화와 탈국경화가 앞으로 국제사회의 모습을 결정할 것으로 보인다. 이러한 새로운 국제사회의 변화를 고려하는 한 새로운 세계질서를 파악하기 위한 하나의 토대가 될 수 있을 것이다.

Ⅲ
인류 역사와 문화

1. 인류의 시작과 문화

문화는 인간을 다른 개체와 구별해 주는 인류의 특징적 산물이라고 할 수 있다. 그렇다면 문화의 시작은 인류의 시작과 동시에 이루어져 왔다고 할 수 있다. 즉 인간에 의해서 삶이 영위되는 순간부터 문화의 태동이 시작했다고 할 수 있다.

원시시대 인류의 삶을 가정해 보자. 생존을 위한 수렵 및 채집의 활동을 전개하는 과정에서 다양한 모양과 형태의 방식과 방법이 필요했을 것이라 상정할 수 있을 것이다. 흔히 생각하는 의식주 해결을 위한 사람들의 행동에서 인류 원시 문화의 흔적을 찾을 수가 있다.

우선 가장 일차적인 활동인 의식주 문화는 어떻게 시작되었을까?

• **衣** : 부끄러움을 알기 시작하면서부터 몸을 가리기 위한 행위가 시작되었다고 가정하여 보자. 그 부끄러움이나 수치스러움을 가리기 위해 나뭇잎을 이용하거나 추위 방지를 위해 동물 가죽을 이용하는 것에서 의복을 대체하는 문화가 시작된 것이라고 쉽게 추론할 수 있을 것이다. 그와 더불어 물건과 물건을 엮어가는 것 소위 바느질이 필요했을 것이고 그 도구는 나무껍질과 날카롭게 생긴 나무 바늘이 필요했을 것이다.

• **食** : 채집 위주의 먹이를 확보하는 활동에서 시작되어 수렵에 이르기까지 원초적 먹거리 확보하는 것에서 식생활의 문화가 이루어졌다는 것 또한 쉽게 추론할 수 있을 것이다. 그리고 식량 확보를 위해서 원거리 이동을 하지 않아도 되는 재배 형태의 농사로 이어졌을 것도 추론할 수 있다. 이상에서도 알 수 있듯이 간단한 의식주 활동을 통해서도 인류의 시작과 같이 문화도 같이 생성되었다는 것을 확인할 수 있다.

원시시대의 벽화

위 원시 벽화에서 인류의 문화발전을 찾아볼 수가 있다. 즉, 인간은 사냥을 위한 도구가 필요했을 것이고 그것을 궁리하여 날카로운 나무 창과 같은 수렵 도구를 만들어 낸 것이다. 여기서 중요한 사실은 그러한 도구가 필요하다는 원시인의 사고에서 출발점을 인식해야 할 것이다. 인간의 문화발전은 현재의 삶에서 무엇인가를 필요로 한다는 것에서 출발하는 경우가 대부분을 차지한다고 할 수 있다. 그림에서 보듯이 사냥을 좀 효율적으로 안전하게 하기 위한 도구가 필요하다는 사고행위가 구체화 된 것이 석기시대 그리고 철기시대로 이어졌다고 볼 수 있다.

• **住** : 원시시대의 주거는 매우 다양했다. 어떤 사람들은 동굴이나 나무와 같은 자연물을 이용하려 했고 또 다른 사람들은 한 걸음 더 나아가 지붕과 벽이 있는 집을 지으려고 했을 것이다. 주거의 형태는 사람들이 사는 지역의 기후와 자원에 따라 달라질 수밖에 없었을 것이다. 동굴 주거형은 추위와 맹수로부터 보호받는 안전의 필요성을 고려한 선택이었을 것이다. 이후 농경 시작과 더불어 더 커다란 집의 필요성이 제기되었고 벽과 지붕을 구성하는 단계로 나아갔다. 원시 주거는 매우 단순하나 위험으로부터의 안전성, 제작의 편의성, 피신처로서의 기능성 등을 고려한 형태였다. 이러한 것을 고려하여 인간의 필요성에 의해서 인간의 능력이 문화적 결과로서 나타난 것이라고 할 수 있다.

이상에서 알 수 있듯이 인류문화의 태동은 인류의 시작과 동시에 이루어졌다고 할 수 있다.

인류의 시작과 더불어 삶의 모든 영역에서 무엇인가의 필요성에 의해 문화 활동이 시작되었다는 것으로 단정할 수 있다. 즉, 문화의 생성과 발달에는 인간의 필요성이 가장 강하게 적용되어 생성된 결과라고 할 수 있다.

다시 한번 에드워드 타일러가 주장한 문화의 속성을 연결지워 보자. 문화의 5가지 속성, 학습, 공유, 축적, 대표성, 그리고 가변성을 인류문화의 시작에서부터 확인하여 보기로 한다.

2. 문화의 발단

인류 즉 인간의 시작은 곧 문화의 시작을 말해 준다.

가. 인간의 필요성

인간의 필요는 매우 다양하며 개인에 따라 다르다. 그러나 모든 인간이 공통으로 가지고 있는 몇 가지 기본적인 필요가 있다.

식량, 물, 피난처, 옷, 사랑과 애정, 소속감, 성장과 성취감, 즐거움 등 이것들은 모든 인간이 공통으로 가지고 있는 몇 가지 기본적인 필요 요소다.

원시적 수렵 및 채집에서 재배와 양육으로 변화해가는 과정 역시 문화적 변화를 보여 주는 것이다. 그 과정에서 필요성에 의한 도구의 발달과 공급되는 양적 증가도 문화 활동의 산물이라고 할 수 있다.

가령 소인수 집단에서 각각의 역할 분담은 조직의 태동으로 이어진다는 것을 쉽게 알 수 있다. 소수의 무리에서 집단으로 확대되고 그 집단에는 촌장과 같은 우두머리가 생겨나고, 역할 분담에 의한 조직이 생성되고 이어져서 에스니시티가 생성되는 것이다. 이것이 오늘날의 국가와 국제 사회로 연결되는 것은 자연스러운 것이다. 나아가서 조직에 리더가 필요하고 서로의 관계를 정하는 규율이 있는 것은 보편적인 현상이다. 즉, 조직관리에 의한 정치와 규정의 필요성이 그 증거라고 할 수 있다.

또한 재배와 양육으로 인한 수확한 물품의 공급과잉에 의한 여유분은 다른 부족한 수요 물품과 교환하는 것에서 수요공급의 원리가 작동된 것이라고 할 수 있을 것이다. 오늘날의 물물교환과 거래와 같은 형태의 경제원리가 인류의 시작과 더불어 작동되고 있었다고 할 수 있다.

나. 발견과 발명

발견과 발명은 모두 세상에 새로운 것을 가져오는 행위이지만, 그 방식은 다르다. 발견은 이미 존재하지만, 아직 알려지지 않은 것을 찾는 것이고, 발명은 새로운 것을 만드는 것이다.

예를 들어, 아메리카 대륙은 유럽인에 의해 발견되었지만, 전구는 에디슨에 의해 발명되었다. 아메리카 대륙은 항상 존재했지만, 유럽인에게는 알려지지 않았다. 전구는 이전에는 존재하지 않았지만, 에디슨에 의해 만들어졌다.

발견과 발명은 모두 세상을 변화시키는 데 중요한 문화 활동이다. 인간의 필요성이라는 생산적 조건은 내부적으로 발명과 발견이라는 과정을 가지게 된다. 예를 들면 사냥을 위해서는 맨손에서 도구의 필요성에 따라 나무를 예리하게 만든 죽창에서부터 돌을 다듬어서 만든 석제 칼, 창과 같은 도구 같은 것이 해당할 것이다. 어느 날 우연히 발견한 날카로운 나무나 뾰족한 돌은 사냥도구로서 충분한 가치를 지닌 도구로 인식되었을 것이다. 그리고 자연스럽게 인류가 발명한 전기나 그 외 혁명적인 과학의 발전은 인간의 필요성에 의한 발견과 발명의 결과물이라는 것을 알 수 있다.

다. 빅데이터와 분석

원시인들은 자연 현상에 대해 다양한 생각을 하고 있었다. 그들은 종종 자연 현상을 신이나 영혼과 연결시켰다. 예를 들어, 번개와 천둥은 종종 전쟁의 신과 관련이 있었고 비는 종종 풍요의 여신과 관련이 있었다. 또한 자연 현상이 그들의 삶에 영향을 미친다고 믿었다. 예를 들어, 그들은 태양과 달이 계절과 날씨에 영향을 미친다고 믿었다. 그들은 또한 바람과 비가 수확에 영향을 미친다고 믿었다.

달과 태양은 수 세기 동안 원시인에게 끊임없는 경외와 호기심의 원천이었다. 그들은 달과 태양의 움직임을 관찰하고 그것들이 계절, 시간, 날씨에 어떤 영향을 미치는지 알아차렸다.

이같이 원시인들도 태양과 달의 움직임 등 자연현상을 관찰, 기록, 분석하여 인간 삶과의 영향 관계를 평가하여 의미를 찾아내려고 하였다. 이것들은 마치 오늘날 빅 데이터를 이용하여 인류 문화를 발전시키는 문화변화 과정과 같은 것이라고 할 수 있다.

라. 생과 사의 세계관

원시시대 사람들은 죽음이 삶의 자연스러운 부분이라는 것을 잘 알고 있었다. 그들은 또한 죽은 사람이 다른 세계로 갔고 그곳에서 계속 살아갈 것이라고 믿었다. 원시시대 사람들은 죽은 사람을 기리기 위해 무덤을 만들고 그들에게 음식과 물과 같은 물건을 묻었다. 그들은 또한 죽은 사람의 영혼을 달래기 위해 의식과 제사를 지냈다.

원시시대 사람들의 생사관은 그들이 살고 있는 지역의 문화에 따라 크게 달랐다. 예를 들어, 북미의 일부 원주민들은 죽은 사람이 천국이나 지옥과 같은 다른 세계로 갔다고 믿었다. 다른 사람들은 죽은 사람이 자연 세계의 일부가 되었다고 믿었다.

원시인들의 생사관은 그들의 삶과 문화에 큰 영향을 미쳤다. 그들은 죽음을 두려워했지만, 또한 영혼이 계속 존재한다는 믿음을 가지고 있었다.

원시인들의 생사관이 삶에서 변화를 일으킨 것과 같이 오늘날 인류의 삶에서 이른바 종교로 대변되는 생사관의 다양함은 각 문화의 차별성을 드러내는 요인으로 자리하고 있다. 이것은 원시시대의 문화 현상이 오늘날과 같은 문화적 특성을 드러내고 있다는 것을 알 수 있다.

마. 절대권력의 필요성

원시 시대에는 절대 권력의 개념이 없었다. 사람들은 작은 그룹으로 살았고 모든 사람이 결정을 내리는 데 참여했다. 가장 나이가 많거나 경험이 많은 사람이 리더 역할을 했지만 그들은 다른 사람에게 명령할 권한이 없었다. 농경 시작과 함께 더 큰 그룹으로 살기 시작했고, 이로 인해 계급 구조가 발전했다.

이집트 기자의 대스핑크스

이집트의 스핑크스는 이집트에서 가장 상징적인 기념물 중 하나다. 그것은 사자 몸체와 인간의 머리를 가진 거대한 조각상으로 고대 이집트의 파라오 카프레의 무덤을 지키는 것이다. 스핑크스는 카프레의 신성한 수호자라는 것이라는 점이고 힘, 권위, 보호의 상징이었다. 스핑크스는 또한 이집트인들이 죽은 자의 영혼을 믿었다는 증거를 보여 주고 있다.

선사 시대의 수호신은 동물이나 자연의 힘이었고 곰, 사자, 독수리, 소 등이 있다. 선사 시대의 수호신은 사람들에게 안전과 보호를 제공했으며, 사람들이 자연 세계와 연결되도록 하는 기능을 가졌다.

이상의 내용을 정리하여 보면 인류문화의 역사 속에서도 인류의 보편적 특수성인 문화의 흔적을 발견할 수 있다는 것이다. 태초 인류에서부터 문화는 시작되었으며 당시 사람들의 삶의 총체가 그 시대의 문화를 만들었다는 것이고 그 내용은 다르지만 기능에 있어서는 오늘날과 크게 다르지 않다는 것을 알 수 있다.

따라서 문화는 인간을 다른 개체와 구별해 주는 특별한 현상이라는 것을 재차 확인할 수 있다. 인간의 삶 그 자체가 문화라는 거을 에드워드 타일러는 문화의 정의와 속성에서 말해주고 있다.

3. 메소포타미아 문명과 문화접변

인류의 태동과 문화의 시작은 같이 이루어지고 있다는 것을 원시시대의 삶에서도 알 수 있다. 그것을 조금 더 구체적으로 살펴보기 위해서 이른바 4대 문명의 경우를 예를 들어 보기로 한다. 4대 문명은 인간이 문화를 어떻게 영위하며 살아왔는가를 보여주는 좋은 사례다.

여기서는 그 중 예를 들어 에드워드 타일러가 정의한 문화의 정의와 속성에 비추어 보며 메소포타미아 문명이 오늘날 시사해주고 있는 문화적 의의는 무엇인가를 살펴보고자 한다.

메소포타미아 문명은 문화 접변의 산물이었다. 이 지역은 끊임없이 이동하고 섞이는 사람들로 구성되어 있었다. 이로 인해 다양한 문화가 융합되어 독특한 메소포타미아 문화가 탄생했다. 메소포타미아 문명은 다음과 같은 여러 가지 특징을 가지고 있다.

가. 메소포타미아 문명의 역사

메소포타미아 문명은 약 5,000년 전 수메르인에 의해 설립되었다. 수메르인은 강 유역의 첫 번째 정착민이었고 그들은 농업, 건축 및 문자를 개발한 것으로 알려져 있다. 수메르인 이후 메소포타미아 문명은 아카드인, 바빌로니아인, 아시리아인, 페르시아인 등 여러 다른 민족에 의해 통치되었다. 이 민족들은 모두 메소포타미아 문명에 공헌했으며 이 지역을 번영하는 문명으로 만들었다. 메소포타미아 문명은 기원전 6세기에 페르시아인에 의해 멸망되었다.

나. 지리적 특성

메소포타미아 문명은 세계 최초의 문명 중 하나였으며 티그리스와 유프라테스강 유역에 위치하였다. 이 지역은 현재 이라크, 이란, 시리아에 해당한다. 그로 인해 첫째, 이 지역은 풍부한 농업 생산을 가능하게 했으며 둘째, 이 지역은 무역로의 기능도 가지고 있었고 나아가 다른 문화와 교류할 기회를 제공하는 지정학적 특성이 있었다.

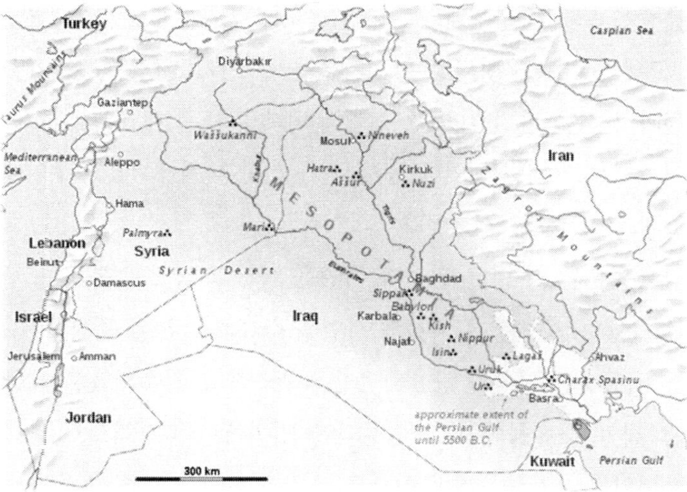

메서포타미아 문명의 지리적 위치

다. 사회 조직

메소포타미아인들은 최초의 법전 하나를 만들어 운용하였다. 그들은 이 법전을 사용하여 사회 질서와 안정을 유지했다. 법을 제정하여 그 조직의 질서를 유지하려고 한 것이다. 이 법을 공유함으로써 그 당시 조직의 체계성을 엿볼 수 있다. 또한 메소포타미아인들은 최초의 정부 체계를 구성하였다. 그들은 이 정부 체계에 법을 공유하는 조직체로 국가를 통치한 것이다.

메소포타미아 문명은 계급 사회였다. 사회는 상류층, 중산층, 하류층의 세 계층으로 나뉘었다. 상류층은 왕, 귀족, 성직자로 구성된 귀족계급이었다. 중산층은 상인, 장인, 농부로 구성된 평민이었다.

하층층은 노예로 구성되었다. 귀족은 가장 높은 계급이었고 왕, 왕족, 고위 관리로 구성되었다. 사제들은 두 번째로 높은 계급이었고 사원과 신전을 관리했다. 평민은 세 번째로 높은 계급이었고 농부, 상인, 장인으로 구성되었다. 노예는 가장 낮은 계급이었고 주인에게 종속된 사람들로 구성되었다.

상류층은 가장 많은 권력과 특권을 가졌고 국가를 통치하고 부를 소유했다. 중산층은 자신의 사업을 소유하고 부를 축적할 수 있었다. 하류층은 자유가 없었고 주인의 재산으로 간주되었다. 계급은 출생, 직업, 소유물에 따라 결정되었다. 귀족은 일반적으로 왕족의 자손이었고 사제들은 일반적으로 사원과 신전의 가족 출신이었다. 평민은 일반적으로 농부, 상인, 장인이었고 노예는 일반적으로 전쟁 포로나 빚을 갚지 못한 사람들이었다. 메소포타미아 문명의 계급 사회는 사회 질서와 안정을 유지하는 기능을 하였다.

라. 종교

메소포타미아 문명은 다신교 사회였다. 그들은 우주를 창조하고 자연현상을 통제하는 많은 신들을 숭배했다. 절대권력의 필요성이 대두되었고 그것은 위험으로부터의 보호를 위한 수호신의 역할과 사후 세계까지 바라보는 관점이 있었다고 증명해 준다. 오늘날 종교의 기능과 별로 다르지 않다. 그들은 여러 신을 숭배했으며 각 신은 자연과 우주와 관련된 다른 속성을 가지고 있었다. 메소포타미아에서 가장 중요한 신 중 일부는 다음과 같이 다양하다. 하늘의 신(아누),

바람과 폭풍의 신(엔릴), 물과 지혜의 신(엔키), 사랑, 전쟁, 풍요의 여신(이난나), 태양의 신(샤마시), 죽음과 전쟁의 신(네르갈) 등이다.

메소포타미아인들은 신들이 세상을 창조하고 그것을 통제한다고 믿었다. 신들의 속성에서도 알 수 있듯이 메소포타미아인들의 삶 속에서 가장 관심이 높은 것을 반영하고 있다고 할 수 있다. 초자연적인 힘에 대한 두려움과 경외감 등이 종교라는 영역에서 그대로 반영된 것이다.

메소포타미아의 종교는 그들의 삶과 문화에 커다란 영향을 미쳤다. 그것은 그들이 세상을 이해하는 방법이었고 그들이 삶을 사는 방법이었기 때문이다.

마. 문학

메소포타미아인들은 많은 중요한 문학 작품을 제작했다. 그들 중 가장 유명한 작품으로는 길가메시 서사시와 에누마 엘리시가 있는데 이것 또한 문자에 의한 기록이 가능했던 것에 기인한다. 문화의 속성으로서 학습, 공유, 축적과 같은 기능들이 문학 작품을 통하여 그대로 남겨진 것이다.

길가메시를 예로 들어 본다. 길가메시는 고대 메소포타미아 신화와 문학의 가장 인기 있는 인물 중 한 명이다. 그는 수메르 문명의 도시 우루크의 전설적인 왕이었다. 길가메시는 강력하고 용감한 영웅으로 여겨졌으며 그의 이야기는 수 세기 동안 구전되었다. 길가메시의 이야기는 기원전 21세기경에 점토판에 처음 기록되었다. 이 이

야기는 길가메시와 엔키두의 우정, 길가메시와 호모사피엔스의 전투, 길가메시의 죽음을 포함하여 길가메시의 삶의 여러 사건을 묘사하고 있다. 길가메시 서사시는 세계 최초의 문학 작품 중 하나로 여겨지며 수 세기 동안 여러 다른 문화로 전파되었다.

길가메시 서사시는 인간의 조건에 대한 탐구이며 삶과 죽음, 우정과 상실의 주제를 탐구한 것으로 가장 오래된 서사시 중 하나이며 문학과 문화에 지속적인 영향을 미치게 된다.

'길가메시와 라마수', 기원전 883~859년, 4.3m, 프랑스 루브르박물관 소장.

바. 문자와 기록

메소포타미아인들은 최초의 문자 체계 중 하나로서 쐐기문자를 개발하여 문서, 문학 및 종교 텍스트를 작성했다. 쐐기문자는 그림문자에서 발전했으며, 각 문자는 사물이나 개념을 나타내는 그림이었는데 시간이 지남에 따라 쐐기문자는 점점 더 추상화되어 결국 사물이나 개념을 나타내는 기호 세트로 발전했다. 메소포타미아 문자는 메소포타미아 문명을 이해하는 데 중요한 열쇠이다. 그것은 그들의 삶, 사고방식, 세계에 대해 통찰할 수 있다. 문자를 가졌다는 것은 문화의 속성인 학습, 공유, 축적을 가능하게 하는 요소이고 이는 곧, 문화의 발달을 촉진하는 요소이기도 하다.

메소포타미아 문명의 쐐기문자

사. 과학 태양력

문화의 속성을 총체적으로 보여주는 과학에서는 오늘날 우리가 사용하는 많은 과학적 개념의 기초를 놓은 문명이다. 그들은 천문학, 수학 및 의학 등 많은 분야에 크게 흔적을 남겼다.

메소포타미아인들은 달과 별의 움직임을 관찰하여 최초의 달력을 개발했고 또 수학적 개념을 개발하여 측량, 무역 및 건축에 사용했다. 개발한 달력으로 농업과 무역을 조정했다. 메소포타미아 달력은 태음력으로, 1년을 12개월로 나누고 각 달은 29일 또는 30일이다. 메소포타미아 달력은 달의 움직임에 따라 계절을 예측하기 위해 고안된 태음력이다. 태양의 운행을 관찰하고 그 흐름을 기록하여 통계로 분석한 것으로 추정할 수 있다. 예를 들면 오늘날 빅 데이터를 이용해서 태양의 움직임에 대한 정의를 내린 것이다. 그것은 역시 인간의 필요성과 문화적 속성인 축적, 학습, 공유와 같은 것의 반영된 결과라고 할 수 있다.

아. 헬레니즘 문화와의 연관성

메소포타미아 문명과 헬레니즘 문화는 모두 고대 세계의 중요한 문명이었다. 그들은 모두 훌륭한 업적과 유산이 있지만, 그들 사이에는 몇 가지 주요 차이점도 있다.

메소포타미아 문명은 중동지역에 위치하였고, 헬레니즘 문화는 지중해에 위치하였다. 메소포타미아 문명은 기원전 4,000년경에 등장하였고, 헬레니즘 문화는 기원전 323년 알렉산더 대왕이 사망한 후에야 등장했다. 메소포타미아 문명은 주로 농경 사회였던 반면 헬레니즘 문화는 상업과 무역 사회였다.

메소포타미아 문명은 다신교였던 반면 헬레니즘 문화는 일신교였다. 메소포타미아 문명은 문자, 법, 정부 등 여러 가지 중요한 아이디어와 기술을 개발하였고 헬레니즘 문화는 문학, 예술, 건축 등 여러 가지 중요한 아이디어와 기술을 개발했다.

헬레니즘 문명은 기원전 4세기 알렉산더 대왕의 정복으로 인해 형성되었다. 알렉산더 대왕은 그의 정복을 통해 그리스 문화를 아시아와 유럽의 광대한 지역에 전파했다. 헬레니즘 문명은 그리스 문화와 동양 문화의 독특한 혼합이었다. 그것은 예술, 건축, 철학 및 과학에서 업적을 이루었다.

자. 메소포타미아 문명과 한반도의 통사적 연관성

메소포타미아 문명과 한국의 역사에는 많은 공통점이 있다. 두 문명 모두 강 유역에서 발생했으며, 농업과 무역을 바탕으로 한 사회였다. 두 문명 모두 문자, 달력, 법과 정부를 개발했다. 또한 두 문명 모두 종교가 사회생활에 중요한 역할을 했다고 할 수 있다.

그러나 두 문명 사이에는 몇 가지 주요 차이점도 있다. 메소포타미아 문명은 한국 문명보다 훨씬 오래되었으며, 더 진보된 기술을 가지고 있었다. 메소포타미아 문명은 또한 도시의 발전과 예술과 문학의 발전에서 한반도 문명보다 더 독특한 문화와 역사로 발전시켰다.

문명은 시간이 지남에 따라 진화하고 발전할 수 있으며, 서로 다른 문화는 서로 영향을 주고받는다는 것을 보여준다. 또한 문명은 번영하고 존속하기 위해 강력한 정부와 안정적인 사회가 필요하다는 것을 공통으로 알 수 있다. 한국의 역사는 기원전 2333년 고조선의 건국으로 거슬러 올라갈 수 있다. 따라서 메소포타미아 문명은 한국의 역사보다 약 2,500년 이상 오래되었다고 할 수 있다.

차. 인류 4대 문명의 공통점

인류 4대 문명은 메소포타미아 문명, 이집트 문명, 인더스 문명, 황하 문명이다. 이 문명들은 모두 유라시아 대륙에 위치하며, 농업, 문자, 도시, 국가 등의 특징을 공유한다.

4대 문명은 세계 문명의 기원이며, 모두 강 유역에 위치한다. 이는 강이 농업과 무역에 필수적인 물과 비옥한 토양을 제공했기 때문이다. 또한 강은 교통과 무역을 위한 쉬운 경로를 제공했다.

4대 문명은 모두 도시 국가로 구성되어 있었다. 이는 도시가 사람들이 함께 모여 살고 무역과 상업을 할 수 있는 곳이기 때문이다. 도시는 또한 정부와 종교 기관을 위한 중앙 집중식 장소를 제공했다.

4대 문명은 모두 문자를 사용했다. 이는 문자가 아이디어를 기록하고 보존하는 데 필수적이었기 때문이다. 문자는 또한 정부와 종교 기관을 위한 기록을 유지하는 데 사용되었다.

4대 문명은 모두 종교가 있었다. 이는 종교가 사람들이 세상을 이해하고 삶의 의미에 대해 질문에 답하는 데 도움이 되었기 때문이다. 종교는 또한 사람들을 하나로 모으는 역할을 하기도 하였다.

4대 문명은 모두 예술과 건축이 발달했다. 이는 예술과 건축이 사람들의 삶을 더 아름답고 의미 있게 만드는 데 도움이 되었기 때문이다. 예술과 건축은 또한 사람들의 문화와 정체성을 나타내는 데 사용되었다.

4대 문명은 모두 군주제를 기반으로 한 정부 형태를 가지고 있었다. 이는 군주제가 사람들을 통제하고 질서와 안정을 유지하는 데 가장 효과적인 방법이었기 때문이다. 군주는 종종 신으로 여겨졌으며 절대적인 권력을 가지고 있었다.

4대 문명은 모두 법과 규칙이 있었다. 이는 법과 규칙이 사람들이 안전하고 질서 있게 살 수 있도록 하기 때문이다. 4대 문명은 모두 무역이 발달했다. 이는 무역이 상품과 아이디어를 교환하는 데 도움이 되었기 때문이다. 무역은 또한 사람들 사이의 관계를 구축하는 데 도움이 되었다. 4대 문명은 모두 전쟁이 있었다. 이는 전쟁이 사람들이 다른 사람들로부터 자신을 보호하고 새로운 땅을 정복하는 데 도움이 되었기 때문이다. 전쟁은 또한 사람들이 다른 문화와 접촉하는 데 도움이 되었다.

카. 메소포타미아 문명과 문화의 속성

에드워드 타일러는 19세기 영국의 민속학자이자 인류학자이다. 타일러는 문화를 "인간 사회 구성원 모두가 공유하는 지식, 신념, 관습, 가치 및 행동의 집합"이라고 정의했다. 그는 문화가 전승되고 학습되는 것이며 사회 구성원의 행동에 영향을 미친다고 주장했다. 타일러는 문화의 속성으로 다음과 같은 것들을 언급했다.

- **문화는 전승되는 것이다.** 즉, 부모에서 자식에게, 한 세대에서 다음 세대로 전달된다.
- **문화는 학습되는 것이다.** 즉, 사람들은 문화를 배워야 하며 태어날 때부터 문화를 가지고 있지 않다. 문화는 사회 구성원의 행동에 영향을 미친다. 즉, 사람들은 자신의 문화에 의해 형성되며 자신의 문화를 반영하는 방식으로 행동하기 때문이다.
- **문화는 적응적이다.** 즉, 문화는 사람들이 환경에 적응하는 데 도움이 되도록 진화한다.
- **문화는 다양하다.** 즉, 지구상에는 다양한 문화가 있으며 각 문

화는 고유하고 독특하다.

메소포타미아 문명은 타일러가 주장한 문화의 속성을 모두 보여주는 좋은 예이다. 메소포타미아 문명은 전승되었고, 학습되었고, 사회 구성원의 행동에 영향을 미쳤으며, 환경에 적응했으며, 다양했다.

마지막으로 메소포타미아 문명이 오늘날에 주는 시사점에 대해서 정리해 보자. 메소포타미아 문명이 오늘날 우리에게 주는 시사점은 우리가 과거에서 배우고 그로부터 발전해야 한다는 것이다. 메소포타미아인들은 문명과 문화를 발전시킨 데 있어 많은 어려움과 도전을 극복했다. 그들은 또한 자연의 힘을 이해하고 그 힘을 이용하는 방법을 배워야 했다.

우리도 오늘날 많은 어려움과 도전에 직면해 있다. 기후 변화, 빈곤, 전쟁, 불평등과 같은 문제에 직면하고 있다. 그러나 메소포타미아인들이 그랬듯이 우리는 이러한 도전을 극복하고 더 나은 미래를 만들 수 있다. 우리는 과거에서 배우고 그로부터 발전해야 한다. 글로벌 사회를 살아가고 있는 현재인들에게 이와 같은 국제 사회에 대한 인식과 문화에 대한 감수성은 우리의 미래 문화를 책임지는 당사자로서 당연하다고 할 것이다.

Ⅳ
문화접변의 태도

1. 문화의 수용과 거절

문화접변 또는 문화변용은 서로 다른 문화가 서로 접촉하면서 서로 영향을 주고받는 과정을 말한다. 이 과정은 오늘날 흔히 볼 수 있듯이 두 문화 간의 이주, 전쟁, 무역 또는 기술 및 아이디어의 교환으로 인해 발생할 수 있다. 문화접변은 양쪽 문화에 큰 영향을 미칠 수 있으며 새로운 문화의 발전으로 이어진다. 사례에 따라서 두 문화 간의 상호 작용에 따라 결과가 다를 수 있다. 그러나 문화접변은 새로운 아이디어와 기술의 발전으로 이어질 수 있는 중요한 과정에 해당한다. 문화접변의 예로서 미국은 다른 나라로부터 많은 문화를 받아들였다. 이 문화에는 유럽, 아프리카, 아시아 및 라틴 아메리카의 문화가 포함되었다. 이 문화의 융합은 독특하고 다양한 미국 문화를 만들어 냈다.

문화접변이 일어날 때 수용자의 태도에 따라 문화접변의 결과는 크게 달라진다. 여기서 주목하고자 하는 것은 문화접변의 주체자로서 새로운 문화를 접하는 1차 태도를 중심으로 살펴보고자 한다. 즉, 피수용자로서 새 문화에 대한 태도에 관한 것이다.

가. 문화의 수용과 거절

문화접변에 대한 태도는 문화마다 다를 수 있다. 어떤 문화는 다른 문화의 영향을 받아 기꺼이 수용하는 반면, 다른 문화는 자신의 문화를 보호하기 위해 다른 문화의 영향을 거부한다. 문화접변은 복잡한 과정이며 긍정적이고 부정적인 영향을 모두 미칠 수 있으므로 문화접변에 대한 태도는 문화마다 또는 개인마다 다를 수 있다.

문화접변에 대한 태도는 다음과 같은 여러 요인에 의해 영향을 받을 수 있다.

첫째, 문화의 역사와 경험이다. 어떤 문화가 다른 문화보다 더 많은 문화접변을 한 경우 그로 인해 그들은 문화접변에 대한 긍정적이거나 부정적인 태도를 개발할 수 있다.

둘째, 문화의 가치와 신념에 관한 것이다. 어떤 문화는 다른 문화보다 더 개방적이거나 보수적이면 그들은 문화접변에 대해 긍정적이거나 부정적인 태도를 택할 수 있다.

셋째, 문화의 경제적 상황이다. 어떤 문화가 다른 문화보다 더 부유한 경우 그들은 문화접변에 대한 긍정적이거나 부정적인 태도를 가질 수 있다.

넷째, 문화의 지리적 위치에 관한 것이다. 어떤 문화가 다른 문화보다 더 접근하기 쉬운 경우 그들은 문화접변에 대한 긍정적이거나 부정적인 태도를 가질 수 있다.

문화적 접변의 태도는 수용과 거절의 두 가지 주요 범주로 나눌 수 있다. 문화적 접변에 대한 수용적 태도는 새로운 아이디어와 관습에 개방적이며 다른 문화를 배우고자 하는 욕구가 특징이다. 문화적 접변에 대한 수용적 태도는 여러 가지 장점이 있을 수 있다. 그것은 새로운 아이디어와 관습에 대한 개방성으로 이어질 수 있으며, 이는 이어서 사회 진보와 혁신으로 이어질 수 있다. 또한 다른 문화를 이해하고 존중하는 능력으로 이어질 수 있으며, 이는 평화와 조화로 이어질 수 있다.

반면 문화적 접변에 대한 거부적 태도는 새로운 아이디어와 관습에 폐쇄적이며 자신의 문화를 고수하고자 하는 욕구가 특징이다. 거부하는 이유 중 하나는 새로운 아이디어와 관행을 두려워하기 때문이며 자신의 문화와 가치에 위협이 된다고 생각하기 때문이다. 또 다른 이유는 자신의 문화가 우월하다고 믿기 때문인데 다른 문화의 아이디어와 관행을 배우거나 수용할 필요가 없다고 생각하기 때문이다. 문화적 접변에 대한 거부적 태도도 여러 가지 단점이 있다. 그것은 새로운 아이디어와 관습에 대한 폐쇄성으로 이어질 수 있으며, 이는 사회 발전과 혁신의 부족으로 이어질 수 있다. 또한 다른 문화를 이해하고 존중하지 못하는 능력으로 이어질 수 있으며, 이는 차례로 갈등과 폭력으로 이어질 수 있다.

한편 문화적 변화나 혼합을 거부하는 데에는 몇 가지 이유가 있는데 간추려 보면 다음과 같은 것이 있다. 우선, 두려움으로서 문화적 변화가 자신의 문화나 정체성을 위협한다고 두려워할 수 있는 것이다. 그들은 자신의 문화가 사라지고 다른 문화에 의해 압도당하는 것이 두려운 것이다. 다음으로 불확실성으로서 문화적 변화로 인해 삶이 어떻게 변할지 불확실하다고 느끼기 때문이다. 다음으로 편견으로서 다른 문화에 대한 편견으로 문화적 변화를 거부할 수 있다. 다른 문화가 자신의 문화보다 열등하다고 믿을 수 있기 때문이다. 마지막으로 지배와 피지배에 관한 것으로 문화적 변화를 사용하여 다른 문화를 지배하거나 동화시키려 하기 때문이다.

궁극적으로 문화적 접변에 대한 가장 좋은 태도는 수용과 거부 사이의 균형을 이루는 것이다. 새로운 아이디어와 관습에 개방적이지만 자신의 문화를 고수하고자 하며 다른 문화를 이해하고 존중하면서 자신의 가치와 신념을 옹호하려는 경향이 있다.

나. 수용과 거절의 기준

문화접변의 태도 수용과 거절의 기준으로 작동하는 것으로 다음과 같은 것이 있다.

첫째, 가치관과 신념이다. 개인의 가치관은 새로운 문화를 수용하거나 거부하는 데 중요한 역할을 하는 핵심적 요소다. 개인이 자신의 가치관과 유사한 문화를 만날 때 그 문화를 더 쉽게 받아들이는 것은 당연한 이치이다. 또 개인의 신념도 새로운 문화를 수용하거나 거부하는 데 영향을 미칠 수 있는 요소로 작동한다. 개인이 자신의 신념과 양립할 수 없다고 생각하는 문화를 접할 때 그 문화를 거부할 가능성이 더 크다.

둘째, 경험 요소가 있다. 개인의 경험도 새로운 문화를 수용하거나 거부하는 데 영향을 미칠 수 있다. 개인이 과거에 부정적인 경험을 한 문화를 만날 때 그 문화를 거부할 가능성이 더 크다.

셋째, 지식적 요소가 있다. 새로운 문화에 대한 지식도 문화접변의 태도 수용에 영향을 미치게 된다. 새로운 문화에 대해 더 많이 알고 있다고 생각하는 사람들은 새로운 문화를 더 쉽게 수용하는 반면, 잘 알고 있지 못하다고 생각하는 사람들은 새로운 문화를 거부하는 경향이 있다.

넷째, 동기에 관한 요소다. 새로운 문화를 수용하는 동기도 문화접변의 태도 수용에 영향을 미친다. 새로운 문화를 수용하면 직업, 교육 또는 관계와 같은 자신의 삶에 어떤 이점이 있을 것인지 고려하는 경우다.

다. 묵살

문화접변을 묵살하는 것에도 몇 가지 이유가 있습니다. 한 가지 이유는 그것이 일어나고 있다는 것을 인식하지 못하기 때문이다. 자신의 문화가 다른 문화의 영향을 받지 않는다고 생각할 수 있다. 또 다른 이유는 그것을 막으려는 시도가 있기 때문이다. 사람들은 자신의 문화가 고유하다고 생각하고 다른 문화와 혼합되는 것을 원하지 않을 수 있다.

문화적 접변에 대해 거부하거나 묵살하는 것은 부정적인 결과를 초래할 수 있다. 그것은 새로운 아이디어와 관행을 배우지 못하면 변화하는 세상에 적응하기 어려울 수 있고 나아가서 다른 문화를 이해하지 못하면 갈등과 오해로 이어질 수 있다.

라. 문화수용 태도 -코로나19 팬데믹에 대한 각국의 태도-

미국, 중국, 영국 등 대부분 국가는 코로나19 팬데믹 현상에 대해 입국 제한 조치 또는 나아가서 국경봉쇄라는 수용 태도를 보였다.

COVID-19에 대한 국가별 수용도는 문화적 요인, 정부의 대응, 언론 보도 등 여러 요인에 따라 달랐다. 예를 들어, 동아시아 국가는 전반적으로 서구 국가보다 COVID-19에 더 수용적인 경향이 있었는데 그것은 동아시아 국가가 전염병에 대한 경험이 더 많고 정부의 대응에 더 만족하기 때문일 수 있다. 언론 보도도 COVID-19에 대한 수용도에 영향을 준 요인 중의 하나다. 전염병에 대해 부정적인 언론 보도가 많은 국가에서는 COVID-19에 대한 두려움이 더 커지고 수용도가 낮았다.

전반적으로 COVID-19에 대한 국가별 수용도는 복잡한 문제이며 다양한 요인에 의해 영향을 받았다. 그 요인의 하나로서 우선 정치적 안정 정도가 있다. 정치적으로 안정된 국가는 일반적으로 정치적 불안정이 있는 국가보다 COVID-19에 대한 대처에 더 잘 준비되어 있었다. 이것은 정치적으로 안정된 국가가 일반적으로 강력한 보건 시스템과 잘 조직된 정부를 가지고 있었기 때문이다. 다음으로 경제적 발전 정도에 관한 것이다. 경제적으로 발전된 국가는 일반적으로 경제적으로 덜 발전된 국가보다 COVID-19에 대한 대처에 더 잘 준비되어 있었다. 이것은 경제적으로 발전된 국가가 일반적으로 더 많은 자원과 더 나은 보건 시스템을 가지고 있기 때문이었다. 교육 수준도 하나의 요인이었다. 교육 수준이 높은 국가는 일반적으로 교육 수준이 낮은 국가보다 COVID-19에 대한 대처에 더 잘 준비되어 있었다. 이것은 교육 수준이 높은 국가가 일반적으로 COVID-19와 같은 공중 보건 위기에 대해 더 잘 인식하고 있기 때문이었다. 그리고 언론의 자유와 관련된 요인이다. 언론의 자유가 있는 국가는 일반적으로 언론의 자유가 없는 국가보다 COVID-19에 대한 대처에 더 잘 준비되어 있었다. 이것은 언론의 자유가 있는 국가가 일반적으로 COVID-19와 같은 공중 보건 위기에 대해 더 많은 정보를 얻을 수 있기 때문이었다. 마지막으로 문화적 요인이 있다. 문화적 요인도 COVID-19 수용에 영향을 미칠 수 있다. 예를 들어, 집단주의 문화를 가진 국가는 개인주의 문화를 가진 국가보다 공동체의 이익을 위해 개인의 자유를 희생하는 데 더 익숙할 수 있으므로 수용 태도가 다르게 나타났다.

그러나 예외적인 경우도 존재하였다. COVID19의 경우 이른바 선진국으로서 정치적, 경제적, 교육적, 언론 및 문화적 요인이 잘 준비된 국가에서도 초기 수용 태도에 있어서 위에서 언급한 내용과 반비례하는 국가도 있었다. 미국이 그 대표적인 경우라고 할 수 있다.

미국은 COVID19 팬데믹 초기에 앞서 언급한 정치, 경제, 교육, 문화, 언론 등 이른바 선진국으로서 요소를 모두 갖추고 있었음에도 수용 태도에 있어서는 일반적인 관점에서 벗어나 있었다. 당시 트럼프 행정부는 COVID19에 대한 인식을 독감 수준으로 폄하하고 있었던 점, 언론의 팬데믹 경고에 대해서도 가짜뉴스로 치부하고 정치적

음모라고 대처한 점, 개인주의가 존중되는 미국 문화에서 비대면 조치가 수용되지 못한 점, 편중된 보건 의료체계로 인한 팬데믹 현상 대응에 실패 한 점, 교육 수준의 차이로 인해 팬데믹 인식 저조와 초기 감염자 수 폭증한 점 등 미국의 COVID19에 대한 수용 태도는 이론적 기준과는 다른 모습을 나타냈다.

2. 문화의 선택기준

가. 선택의 기준

문화접변의 선택적 수용은 사회가 다른 문화에서 새로운 아이디어와 관습에 개방적이지만 자신을 위협한다고 인식하는 아이디어와 관습은 거부하는 과정이다. 이 과정은 끊임없이 진행 중이며 사회가 시간이 지남에 따라 변화하는 방식에 큰 영향을 미친다.

문화접변의 선택적 수용은 문화가 다른 문화에서 새로운 문화 요소(예, 아이디어나 관습)에 노출될 때 발생하며 이러한 문화 요소는 받아들여지거나 거부될 수 있다. 사회가 새로운 문화 요소를 받아들이면 사회 문화의 일부가 될 것이다. 사회가 문화 요소를 거부하면 그들은 사회 문화의 일부가 되지 않는다. 문화접변의 선택적 수용은 복잡한 과정이며 많은 요인에 의해 영향을 받을 수 있다. 이러한 요인에는 사회의 역사, 사회의 가치, 사회의 경제적 상황 등이 포함될 수 있다.

세계보건기구(WHO)는 2020년 1월 30일 COVID-19 전염병을 세계 보건 비상사태로 선언했다. WHO의 결정은 전염병이 빠르게 퍼지고 있으며 심각한 보건 위협이 될 수 있다는 우려에 따라 이루어졌다. WHO는 또한 전염병에 대처하기 위한 일련의 권장 사항을 발표했다. 권장 사항에는 손 씻기, 기침 및 재채기에 대한 예방 조치, 공공장소에서의 밀접 접촉 피하기, 감염된 사람과의 접촉 후 모니터링이 포함되었다.

예를 들어 COVID-19 백신 접종에 대한 선택적 수용은 사람마다 달랐다. 어떤 사람들은 위험을 감수할 가치가 없다고 생각하는 반면, 다른 사람들은 백신이 자신과 다른 사람들을 보호하는 가장 좋은 방법이라고 생각하고 수용하였다. 어떤 사람들은 자신에 대해 결정할 권리가 있다고 생각하는 반면, 다른 사람들은 더 많은 사람이 백신을 접종해야 한다고 생각한 것이다. COVID-19의 선택적 수용은 개인이 COVID-19 백신 접종, 마스크 착용 및 사회적 거리두기와 같은 공중 보건 조치를 따를 것인지에 대한 개인적인 결정을 내리는 것을 의미한다.

COVID-19의 선택적 수용은 문화적 기준에 의해 영향을 받을 수 있다. 예를 들어, 일부 문화권에서는 개인의 권리를 중시하고 정부의 간섭을 의심하는 반면, 다른 문화권에서는 공동체의 이익을 중시하고 정부의 규제를 수용하였다. 또한 일부 문화권에서는 개인의 신념을 중시하고 과학적 증거를 의심하는 반면, 다른 문화권에서는 과학적 증거를 중시하고 개인의 신념을 의심하였다.

COVID-19의 선택적 수용은 개인의 경험과 신념에 의해서도 영향을 받을 수 있다. 예를 들어, COVID-19로 인해 사랑하는 사람을 잃은 사람은 백신 접종과 같은 공중 보건 조치를 따를 가능성이 더 크지만 반면에 COVID-19의 영향을 직접 경험하지 못한 사람은 공중 보건 조치를 따를 가능성이 없었다. 결국 COVID-19의 선택적 수용은 복잡한 문제이며 문화적 기준, 개인의 경험, 신념 등 여러 요인에 의해 영향을 받을 수 있었다.

또 다른 사례로서 COVID-19 대응으로서 마스크 착용과 선택적 수용의 연관성을 살펴보기로 하자. COVID-19 팬데믹 기간에 마스크 착용은 전 세계적으로 논란의 여지가 있는 주제였다. 일부 문화권에서는 마스크 착용이 자신의 건강을 보호하고 타인을 병들게 하는 것을 방지하는 방법으로 널리 수용되는 반면, 다른 문화권에서는 마스크 착용이 개인의 자유를 침해하거나 불편하다고 여겨져서 거부하였다.

이러한 문화적 차이는 다음과 같은 여러 요인에 기인할 수 있다. 먼저 개인주의 대 집단주의가 있다. 개인주의 문화는 개인의 권리와 자유를 강조하는 반면, 집단주의 문화는 집단의 조화와 복지를 강조한다. 개인주의 문화권에서 사람들은 자신의 자유를 희생하는 것을 꺼릴 수 있는 반면, 집단주의 문화권에서는 타인을 보호하기 위해 마스크 착용을 더 꺼리지 않을 수 있다.

다음으로 의사소통 스타일에 관한 것이다. 직접적인 의사소통 스타일을 가진 문화는 다른 사람들에게 자신의 질병에 대해 더 개방적일 수 있는데, 간접적인 의사소통 스타일을 가진 문화는 자신의 질병에 대해 더 은둔적일 수 있다. 직접적인 의사소통 스타일을 가진 문화권에서는 사람들이 자신의 건강에 대해 더 개방적이고 다른 사람들에게 자신의 질병을 예방하는 데 도움이 되기 때문에 마스크 착용을 더 많이 받아들일 수 있다. 다음으로 위험 인식에 관한 것이다. 어떤 문화권에서는 COVID-19의 위험을 더 크게 인식하는 반면, 다른 문화권에서는 COVID-19의 위험을 더 낮게 인식하였다. COVID-19의 위험을 더 크게 인식하는 문화권에서는 사람들이 마스크 착용을 더 많이 받아들일 수 있었다. 다음으로 정부의 대응 요인도 있다. 어떤 정부는 COVID-19에 대해 더 엄격한 규정을 시행하는 반면, 다른 정부는 COVID-19에 대해 더 느슨한 규정을 시행하였다. 정부의 대응에 대해 더 엄격한 규정을 시행하는 문화권에서는 사람들이 정부의 지침을 따르기 위해 마스크 착용을 더 많이 받아들일 수 있었다.

마스크와 선택

아시아에서는 마스크 착용이 일반적인 관행이며 2003년 사스(중증 급성 호흡기 증후군)와 2012년 메르스(중동 호흡기 증후군)와 같은 과거 전염병 기간에 자주 사용되었던 경험적 요소가 강하다. 이러한 문화권에서는 다른 사람들을 보호하기 위해 마스크를 착용하는 것이 중요하다고 이해하고 있으며 전염병 기간에 마스크 착용에 더 개방적이었다. 반면 서양에서는 마스크 착용이 흔한 관행이 아니며 개인의 자유에 대한 침해로 받아들이는 경우가 많았다. 이러한 문화권에서는 마스크 착용이 불편하고 효과가 없다고 믿는 경우가 많으며 전염병 기간에 마스크 착용에 더 저항하는 성향을 보였다.

이러한 차이의 한 가지 요인은 개인주의와 집단주의 문화의 차이라고 할 수 있다. 개인주의 문화에서는 개인의 권리와 자유가 강조되는 반면 집단주의 문화에서는 집단의 조화와 단결이 강조되기 때문이다. COVID-19와 같은 전염병의 경우 개인주의 문화에서는 개인의 자유에 대한 우려가 마스크 착용에 대한 저항으로 이어질 수 있는데 반면 집단주의 문화에서는 집단의 건강에 대한 우려가 마스크 착용에 대한 더 높은 수용으로 이어질 수 있다.

또 다른 요인은 위생에 대한 문화적 태도에서 나타났다. 일부 문화권에서는 위생이 매우 중요하다고 여겨지는데 반면 다른 문화권에서는 그렇지 않았다. COVID-19와 같은 전염병의 경우 위생에 대한 높은 가치는 마스크 착용에 대한 더 높은 수용으로 이어질 수 있었다.

마지막으로 마스크 착용에 대한 정부의 정책도 문화적 차이에 영향을 주었다. 일부 정부에서는 마스크 착용을 의무화하였는데 반면 다른 정부에서는 그렇지 않았다. 정부의 정책은 마스크 착용에 대한 사람들의 태도에 영향을 미쳤다. 이러한 문화적 차이는 COVID-19 전염병에 대한 효과적인 대응을 어렵게 만들었다. 전염병 기간에 마스크 착용을 옹호하려는 사람들은 문화적 차이를 인식하고 이러한 문화적 차이를 극복하기 위한 전략을 개발해야 했었다. 궁극적으로 COVID-19 마스크 착용에 대한 문화적 차이는 복잡하고 다양한 요인에 의해 영향을 받는다고 말할 수 있다.

나. 문화수용의 기준과 경계

1) 문화수용 기준

문화수용의 기준은 문화마다 다르나 일반적으로 다음과 같은 요인에 의해 영향을 받는다.

첫째, 문화적 유사성이다. 문화가 유사할수록 서로를 더 쉽게 받아들인다. 예를 들어, 문화가 공통된 역사나 언어를 가지고 있다면 서로를 더 쉽게 받아들이게 된다. 둘째, 문화적 가치에 관한 것이다. 문화가 같은 가치를 공유할수록 서로를 더 쉽게 받아들인다는 것이다. 예를 들어, 문화가 평등, 자유, 정의와 같은 가치를 공유한다면 서로를 더 쉽게 받아들인다는 것이다. 셋째, 문화적 힘에 의한 요인이다. 문화가 강할수록 다른 문화에 영향을 미칠 가능성이 더 크다. 예를 들어, 문화가 경제적으로 또는 군사적으로 강하다면 다른 문화에 영향을 미칠 가능성이 더 크다. 넷째, 문화적 접촉 요인이다. 문화가 서로 자주 접촉할수록 서로를 더 쉽게 받아들인다. 예를 들어, 문화가 무역, 여행, 결혼 등의 경우 서로를 더 쉽게 받아들인다는 것이다.

2) 문화수용의 경계

문화수용의 경계는 문화가 서로 충돌하고 수용될 수 있는 한계를 말한다. 이 경계는 문화의 역사, 가치, 신념에 의해 형성되는 것으로 또한 정치, 경제 및 사회 구조와 같은 외부 요인에 의해 형성될 수도 있다. 문화수용의 경계는 종종 모호한데 어떤 문화는 다른 문화보다 더 개방적일 수 있고 어떤 문화는 다른 문화보다 더 수용적일 수 있다. 또한 시간과 장소에 따라 다를 수도 있다. 문화수용의 경계는 종종 갈등의 원인이 될 수 있다. 한 문화가 다른 문화를 수용하지 않을 때 갈등이 발생할 수 있고 또한 문화가 서로 충돌할 때 갈등이 발생할 수 있다.

3) 문화수용기준으로서 사회 규범적 요소

사회 규범은 한 문화의 구성원이 따라야 하는 일련의 규칙과 규정이다. 사회 규범은 행동, 가치 및 신념을 포함한 모든 것을 규율할 수 있으므로 문화수용에 영향을 미치는 중요한 기준이 된다. 사회 규범적 요소는 새로운 아이디어와 관습을 수용하거나 거부하도록 동기를 부여한다.

사회 규범이 문화수용을 촉진하는 방식에는 여러 가지가 있다. 첫째, 사회 규범은 새로운 아이디어와 관습을 탐구하고 받아들이는 것에 긍정적인 신호를 보낼 수 있다. 둘째, 사회 규범은 사람들이 새로운 아이디어와 관습을 수용할 수 있는 지원과 격려요인이 되기도 한다. 셋째, 사회 규범은 사람들이 새로운 아이디어와 관습을 수용하면 보상이나 이점이 있다는 신호를 줄 수도 있다.

반대로, 사회 규범은 문화수용을 방해할 수도 있다. 첫째, 사회 규범은 새로운 아이디어와 관습을 탐구하고 받아들이는 것이 부적절하다는 신호를 보낼 수 있다. 둘째, 사회 규범은 사람들이 새로운 아이디어와 관습을 수용할 수 있는 지원과 격려가 되지 못할 수도 있다. 셋째, 사회 규범은 사람들이 새로운 아이디어와 관습을 수용하면 처벌이나 손실이 있을 것이라는 신호를 보낼 수 있다.

다. 저항의 사례 -부르카와의 전쟁-

흔히 중동 국가들의 극단적인 원리주의에 근거한 국제사회의서의 폭력을 자주 접하게 된다.

알카에다는 극단적인 무슬림에 의한 국제 무장세력으로서 가끔 매스컴에 등장하는 경우가 있다. 범 이슬람의 정치적 연합을 목표로 삼고 비 이슬람적 요소와 자유주의, 세속적 가치 및 사상과 타종교에 대한 불관용과 탄압, 배척을 강조하는 일련의 이념들이다. 종교적 요소들에 의한 문화수용 태도 사례를 보기로 하자.

프랑스 정부는 2010. 10월 공공장소에서 얼굴 전체를 가리는 부르카와 눈 부분만 가리지 않은 니캅 착용을 금지하는 법안을 가결했다. 프랑스 헌법재판소가 한 달 안에 위헌 결정을 내리지 않으면 6개월 안에 발효된다. 이 경우 프랑스는 지난 5월 비슷한 법안을 하원에서 통과시킨 벨기에를 따돌리고 법으로 부르카를 금지하는 유럽 최초의 국가가 된다.

법을 어기는 여성은 벌금 150유로(약 22만 원)를 물거나 시민권 교육과정을 거쳐야 한다. 여성에게 부르카나 니캅 착용을 강요하는 남성은 벌금 3만 유로와 1년 징역형에 처한다. 현재 프랑스에서 부르카나 니캅을 착용하는 여성은 약 2,000명으로 추산된다.

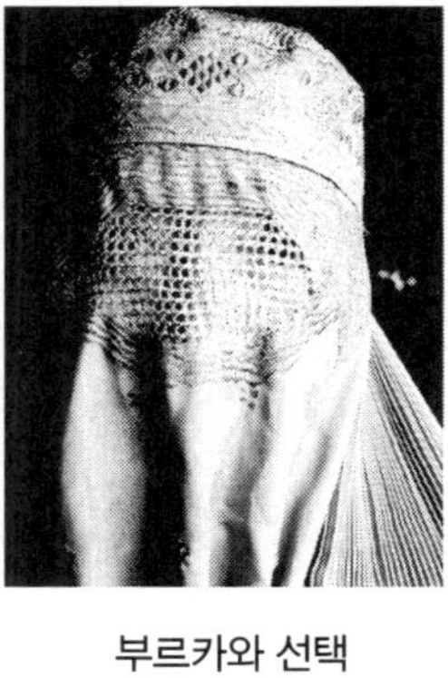
부르카와 선택

프랑스 정부는 부르카 금지 법안 추진 이유로 무슬림 여성의 권익 신장, 사회통합 등을 든다. 니콜라 사르코지 대통령은 "부르카나 니캅 착용을 강요받는 무슬림 여성을 보호하기 위해서"라고 누차 밝혀왔다. 자유·평등·박해 등 프랑스 공화국 원칙에 위배 된다는 지적도 있다. 미셸 엘리엇 마리 프랑스 법무장관은 "이는 안보나 종교 문제가 아니라 공화국 원칙의 존중에 관한 것"이라면서 "프랑스는 모든 종교를 존중하지만 부르카 뒤에 숨는 것은 공공질서에 반한다"고 말했다. 여권운동가 엘리자베스 바딘턴은 BBC방송과의 인터뷰에서 "자신의 얼굴을 감추려는 여성은 나를 보지만 자기를 보여주기를 거부한다"면서 평등 원칙에 위배된다고 주장했다.

이런 논리에 프랑스 국민 10명 중 8명이 찬성하고 있다. 반면 부르카 금지 법안 반대자들은 양심 자유의 문제로, 프랑스 및 유럽 인권 규정에 위배된다는 입장이다. 프랑스 정부는 이 때문에 종교의 자유를 엄격히 보장하는 유럽인권재판소를 우회해 자국 헌법재판소에 먼저 법안 검토를 맡겨놓은 상태다. 비록 법안이 시행되어도 유럽인권재판소의 결정이 부르카 논란의 종지부를 찍을 마지막 관문이 될 수 있다고 BBC는 지적했다. 이슬람은 가톨릭에 이어 프랑스에서 제2의 종교다. 프랑스에 이어 스위스, 네들란드 등도 금지법을 통과시켰다. 서구 중심적 시각으로서 무슬림 문화에 대한 폭력이자 자문화 우월주의의 대표적 사례라고 해야 할 것이다.

V
문화접변과 저항

특정한 두 문화가 접변을 일으키는 환경 아래에서 서로 영향을 끼치는 상황을 힘의 균형이라는 차원에서 두 가지로 나눌 수 있다. 즉 하나는 수용자에 의한 자발적인 문화접변이고 다른 하나는 문화전달자의 위압적인 요소에 의해서 발생하는 강제 접변이라고 할 수 있다. 문화접변이라는 과정과 결과에 이르기까지 문화의 수용자 또는 전달자의 입장에 따라 다른 양상을 나타내게 된다.

문화의 자율 접변과 강제 접변은 문화가 시간이 지남에 따라 변화하는 두 가지 방법이다. 자율 접변은 문화가 외부 영향 없이 스스로 변화하는 것을 말하고 강제 접변은 문화가 외부 영향에 의해 변화하는 것을 말한다.

1. 자율문화 접변

자율 접변은 문화가 시간이 지남에 따라 변화하는 가장 일반적인 방법이다. 문화는 새로운 문화요소(아이디어, 관습 및 기술)를 흡수함으로써 스스로 변화한다. 이것은 문화가 다른 문화와 접촉할 때 발생할 수 있다. 예를 들어, 인터넷의 발달은 전 세계의 문화가 서로 접촉할 수 있게 하여 새로운 아이디어와 관습이 더 쉽게 퍼질 수 있게 했다. 조금 더 자세하게 보면 정치적 군사적 지배관계에 있지 않은 두 문화가 스스로 필요에 따라 문화를 수용하여 문화변동이 일어나는 것을 말한다. 이 경우 자율적 수용을 하게 되는데 자율적 수용은 다른 문화와의 접촉을 통해 문화가 자연스럽게 변화하는 과정이다. 이것은 무역, 여행, 대화와 같은 여러 요인으로 인해 발생할 수 있다. 문화가 다른 문화와 접촉하면 새로운 아이디어, 관습 및 가치에 노출된다. 이 노출은 문화가 새로운 관점과 관행을 수용하도록 이끌 수 있고 무엇보다도 어떤 문화 요소의 필요성을 인식하여 다른 문화와 교류하면서 받아들인 것이 특징이라고 할 수 있다.

인디언 나바호족의 자율접변

아메리카 인디언 나바호족의 경우, 백인들에 의한 정복을 피하려고 스페인과 협력하여 스스로 스페인 문화를 수용한 사례에서 자율접변의 경우라고 할 수 있다. 나바호족은 스페인의 금속세공, 직물

제조 등의 문화를 수용하여 자신들의 문화와 통합 발전시켜 나바호 인디언 카페트와 같은 걸작품이 탄생한 것이다. 스페인의 유명한 직조기술과 나바호족의 기하학적 디자인이 융합된 결과물이라고 할 수 있다.

조선통신사

조선과 일본의 문화적 관계는 한반도의 삼국시대에 가장 활발하게 변동이 일어나고 이어서 조선 시대에도 그 흐름은 변화가 없었다. 조선 태종 때부터 실시된 조선통신사는 일본에게 있어서 한반도로부터 선진문화를 수용하는 중요 통로였다. 임진왜란에 의해서 잠시 중단된 조선통신사에 의한 문화접변은 도쿠가와 막부의 성립과 동시에 재개되었다.

당시 일본 막부 1년 재정 규모와 맞먹는 정도의 경비가 필요할 정도의 대규모 행사였다는 것에서 당시 일본이 기울인 관심이 지대하였다는 것을 알 수 있다.

오늘날 국제적으로 펼쳐져 있는 네트워크도 대체로 자율적 문화 접변의 경우라고 할 수 있다.

아마존, 넷플릭스, 구글 등을 비롯한 글로벌 네트워크 플랫폼들은 대개의 국가에서 자율적으로 수용한 결과물이라고 할 수 있다.

글로벌 플랫폼 기업

소위 세계적으로 알려진 플랫폼 기업들은 이제 어느 나라에서도 그 기술과 아이디어를 받아들여서 자신들의 국가 문화에 발전시키는 동력으로 하고자 한다. 정치체제나 이념과 관계없이 이러한 첨단 신기술의 경우는 자율 접변의 대상이 되는 것이다.

2. 강제 문화접변

강제 접변은 문화가 외부 영향에 의해 변화하는 것이다. 이것은 대략 문화가 침략, 식민지화 또는 제국주의와 같은 것에 의해 강제로 변화할 때 발생하는 경우다. 예를 들어, 미국의 원주민들은 유럽인에 의해 강제로 기독교로 개종하게 했다. 이것은 그들의 문화가 변화하도록 강요당하고 그들의 고유한 관습과 신념을 포기하도록 강요당했기 때문에 강제 접변에 해당한다.

식민지(植民地, colony)란 한 나라의 주권이 다른 나라에 넘어간 상태, 즉 지배를 받는 지역을 가리킨다. 그러나 원래 식민지의 어원은 라틴어의 '콜로니아'인데 이는 '민족이나 국민의 일부가 오래 거주하던 땅을 버리고 새로운 곳으로 이주하여 건설한 지역'을 뜻했다.

사례1) 일본제국주의에 의한 조선 식민 통치

일제의 강점으로 대만과 조선은 일본문화의 강제 접변을 당하게 되고 각각 문화정체성을 상실하는 결과로 이어졌다. 강제 접변에 의한 지배 정책의 근간은 무단통치와 문화 정치였다.

무단통치는 무력에 의한 강압 정책으로 '채찍'에 해당한다. 예를 들면 일제는 「총포급화약류단속법」을 강화하여 한국인이 무기를 가질 수 없도록 규제하여 물리적 저항을 불가능하게 한 것이다. 또 다른 문화통치는 한국인을 동화시키는 명목의 통치방식이었다. 앞의 두 가지 모두가 가지는 공통점은 식민 점령국가 일본에 의한 강제에

일제 강점기 천황에 대해 최경례하는 모습

의한 것이라는 것이다.

식민 지배를 당하는 동안 강제 문화접변에 의해 한국은 근대 국민국가로서의 정체성도 상실하였고 소위 왜색 문화에 의해 전통 한국문화가 훼손되어 문화적 공통성도 희박해졌다. 근대 국민국가로의 전환을 자주적인 것이 아니고 타의에 의한 내용이었기에 강제 접변에 따른 저항에도 불구하고 국가적 전통문화의 상실과 파괴는 피할 수 없었다.

사례2) 백인에게 강제 정복당한 인디언

15세기에서 19세기 사이에 유럽인들이 아메리카 대륙에 정착하면서, 그들은 아메리카 원주민들을 정복하고 그들의 땅을 차지했다. 그 과정에서 유럽인들은 아메리카 원주민들을 더 강력한 무기와 질병으로 몰아넣었고, 또한 아메리카 원주민들의 문화와 생활 방식을 파괴했다. 그 결과 수많은 아메리카 원주민들이 죽거나 추방되었고, 그들의 문화와 언어는 사라졌다.

아메리카 원주민들의 정복(강제 문화접변)은 유럽인들의 문명화라는 명분으로 아메리카 원주민들을 야만인으로 간주하고 그들의 문화와 생활 방식을 경멸하며 가혹한 탄압을 가했고, 그들의 삶을 파괴한 탐욕과 야만성의 결과였다. 유럽인들은 아메리카 원주민들을 식

북아메리카 원주민 모습

민지화하여 개척이라는 명분으로 그들의 땅과 자원을 착취하였다.

결국 오늘날 아메리카 원주민들의 문화는 왜곡되고 변용되어 그들 문화의 본질적인 모습을 상실하고 말았다.

자율 접변과 강제 접변은 모두 문화가 시간이 지남에 따라 변화하는 데 중요한 역할을 한다. 자율 접변은 문화가 진화하고 적응하는 데 도움이 될 수 있다. 강제 접변은 문화가 새로운 아이디어와 관습에 노출되는 데 도움이 될 수 있다. 그러나 강제 접변은 또한 문화가 파괴되거나 왜곡되는 데에도 사용될 수 있다.

3. 강제 접변에 대한 문화적 저항

문화적 저항은 수용자의 필요성과 적합성의 판단에 따라 결정된다. 문화적 저항은 지배적인 문화와 그 가치에 도전하는 문화 활동이고 예술, 음악, 문학, 언어, 패션, 의식 등 다양한 형태를 취할 수 있다. 문화적 저항은 종종 정치적, 사회적 불의에 대한 반응으로 일어나며, 지배적인 문화의 틀에서 벗어나는 새로운 정체성과 의미를 창조하는 방법이 되기도 한다.

문화적 저항의 예로서 흑인 음악은 종종 인종차별에 대한 저항의 형태로 사용되었다. 힙합은 1970년대 뉴욕의 빈민가에서 태어났으며, 빈곤, 폭력, 경찰의 폭력에 대한 목소리였다. 힙합은 또한 흑인 정체성을 표현하고 흑인 문화를 홍보하는 방법이었다.

버지니아울프

또 다른 예는 여성주의 운동이다. 여성들은 오랫동안 문학, 미술, 영화를 사용하여 가부장제와 성차별에 도전해 왔다. 1925년에 발표된 버지니아 울프(Virginia Woolf)의 소설 댈러웨이 부인(Mrs. Dalloway)은 가정과 어머니로서 역할에 좌절한 중년 여성의 이야기를 들려주는 모더니즘의 대표적 작품이다.

문화적 저항은 지배적인 문화와 그 가치에 도전하는 강력한 도구가 될 수 있다. 그것은 새로운 정체성과 의미를 창조하고 불의에 대한 목소리를 내는 방법이 되기도 한다.

오늘날에도 문화적 저항은 여전히 지배적인 질서에 도전하기 위해 사용되고 있다. 예를 들어, 여성들은 패션과 미디어를 사용하여 성차별에 저항하고 젊은이들은 음악과 소셜 미디어를 사용하여 기후 변화에 저항해 왔다.

문화적 저항은 다음과 같은 다양한 방법으로 수행될 수 있다. 먼저 언어적 저항이다. 언어는 지배적인 이데올로기에 도전하기 위해 사용할 수 있는데 예를 들어, 지배적인 이데올로기와 다른 의미를 가진 새로운 단어를 만들거나 기존 단어의 의미를 바꾸어서 사용한 것이다. 예술도 역시 지배적인 이데올로기에 도전하는 데 사용될 수 있는데 예를 들어, 억압적인 권력의 이미지를 만들거나 지배적인 이데올로기에 도전하는 메시지를 담은 예술 작품을 만들어 저항하는 것이다. 음악도 예를 들어, 사람들이 억압적인 권력에 대해 노래를 만들거나 지배적인 이데올로기에 도전하는 메시지를 담은 음악을 만들어 저항하는 것이다.

문화적 저항은 지배적인 이데올로기에 도전하는 강력한 도구가 될 수 있고 또한 자신의 목소리를 내는 방법이 될 수 있으며 변화를 일으키는 데 도움이 될 수 있는 것이다. 저항에는 여러 가지 방법이 있는데 가장 일반적인 방법은 다음과 같다.

우선 비폭력 저항이 있다. 비폭력 저항은 폭력 없이 자신의 권리를 위해 싸우는 방법으로 시위, 단식, 파업과 같은 다양한 방법이 있다. 다음으로 시민 불복종의 경우다. 시민 불복종은 불법이지만 도덕적으로 옳다고 믿는 법을 어기는 것으로 불의에 맞서 싸우는 것이다. 직접 행동의 경우는 권력 구조를 방해하여 변화를 가져오는 방법으로 점거, 시위, 파괴와 같은 다양한 방법이 있다. 그리고 문화적 저항으로서 언어, 예술, 음악과 같은 문화적 표현을 사용하여 권력 구조에 도전하는 방법이고 경제적 저항은 보이콧, 불매 운동, 파업과 같은 경제적 수단을 이용하여 권력 구조에 도전하는 방법이다.

4. 강제 접변에 대한 사회적 저항

사회적 저항은 사회적, 경제적, 정치적 구조를 포함한 기존의 사회 질서에 도전하는 개인이나 집단의 행동을 말한다. 사회 저항은 시위, 파업, 폭동, 게릴라전 등 다양한 형태를 취할 수 있으며 억압, 불평등, 불의에 대한 반응으로 발생하는 경우다. 또한 사회 구조와 시스템을 변화시키기 위한 수단으로도 사용되기도 한다.

가. 사회적 저항 사례 - 영화 '암살'-

영화 암살 포스트

영화 '암살'은 2915년에 개봉된 작품으로서 다음과 같은 줄거리로 제작되었다. 1933년 조국이 사라진 시대 대한민국 임시정부는 일본

측에 노출되지 않은 세 명을 암살 작전에 지목한다. 한국 독립군 저격수 안옥윤(전지현 역), 신흥무관학교 출신 속사포(조진웅 역), 폭탄 전문가 황덕삼(최덕문 역), 김구의 두터운 신임을 받는 임시정부 경무국 대장 염석진(이정재 역)은 이들을 찾아 나서기 시작한다. 암살단의 타깃은 조선주둔군 사령관 카와구치 마모루(박병은 역)와 친일파 강인국(이경영 역).

이 영화의 전반적 내용은 당연히 일본의 강압적 문화충돌에 대한 저항이다. 일본제국주의의 강제 문화접변에 대한 대응이 같은 조선인이면서도 사람에 따라 다르게 나타난다. 그 가운데 조선인 출신 경무국 대장 염석진, 친일파 강인국은 새 문화 요소(일본의 강제 식민지 정책)를 적극적으로 수용하는 태도를 드러낸다. 한편 조선인 출신 암살단은 새 문화 요소에 대해 저항 세력으로서 태도를 드러낸다.

친일파 강인국의 대사 중에서 "다 나라를 위한 일이었어! 멍청한 조선놈들 맥여살려야 하니까!!" 또 경무국 대장 염석진의 대사에서 "해방될지 몰랐으니까! 알았으면 그랬겠나!!"를 통하여 각자 마주한 문화접변을 향한 수용자의 자세를 알 수 있다. 이 영화를 통해서도 강제 문화접변에 의한 사회적 저항의 형태는 다양한 형태로 나타난다는 것을 알 수 있다.

또 다른 측면에서 사회 저항은 역사를 통틀어 중요한 요소였고 그것은 과거 노예제의 종식, 여성의 참정권, 노동자의 권리 등 많은 사회 변화를 가져왔다. 오늘날에도 사회 저항은 여전히 중요한 힘으로 작용하고 있다. 예를 들면 빈곤, 기아, 기후 변화와 같은 다양한 문제를 해결하기 위해 사용되고 있다.

나. 사회적 저항 사례 - 금연운동, 폭음강요-

음주의 사회적 저항

강제 문화접변에 대한 사회 저항은 복잡하고 다양하며 유동적인 현상으로서 개인과 집단의 욕망, 필요, 목표에 따라 형성되며 그것이 발생하는 사회의 역사와 문화에 의해 영향을 받는다. 사례로서 간접흡연과 폭음 강요하는 한국의 회식문화에 대한 저항 등도 포함된다.

또한 권력에 의한 성추행 문제로 우리 사회에도 커다란 문화적 충격을 주었던 'MEE TOO와 With You' 운동도 미국에서 흑인 소년 총격 사건으로 발생한 'BLACK LIVES MATTER' 운동의 경우도 사회적 저항에 해당한다 할 수 있다.

젠더와 사회적 저항

이처럼 강제 문화접변에 의한 문화 수용은 저항을 불러일으키는 사회 현상으로 나타나는 것을 알 수가 있었다. 그러한 현상들이 문화로서 자리하고 나아가 또 다른 문화변화의 요인으로 작용하는 것에 다시 한번 문화변화의 메커니즘을 알 수가 있다.

Ⅵ
문화의 재해석과 번역

1. 재해석(Reinterpretation)에 대하여

재해석이란 문화접변의 중간단계에서 특정 문화를 수용자가 자신의 관점에서 문화를 다시 해석해 내는 과정을 말한다. 즉 일종의 문화 요소와의 상호작용에 의한 변화라고 할 수 있다. 달리 말하면 새로운 문화 요소에 대한 적합화 과정이라고 할 수 있고 문화적 적응의 중요한 부분이라고 할 수 있다.

재해석은 문화가 새로운 상황에서 의미를 얻는 과정이다. 새로운 문화적 맥락에 도입된 문화 요소는 종종 그 맥락에 맞게 재해석되는데 이것은 새로운 문화적 규범과 가치에 맞게 요소의 의미가 변경되거나, 요소가 새로운 방식으로 사용되거나, 요소가 새로운 의미를 갖도록 재구축될 수 있음을 의미한다.

재해석은 문화가 끊임없이 변화하고 적응하는 방식으로 작동하는 데 중요한 과정으로서 새로운 문화적 맥락에 도입된 문화 요소는 종종 그 맥락에서 의미를 얻기 위해 재해석된다. 이것은 문화가 새로운 환경에서 살아남고 번창하는 데 수반되는 과정이다.

예를 들어, 불교는 인도에서 시작된 종교이나 불교는 시간이 지남에 따라 다른 문화로 퍼졌고, 그 과정에서 재해석되었다. 예를 들어, 불교는 중국에 전해졌을 때 중국의 유교 전통에 맞게 재해석되었는

데 이것은 불교의 가르침이 유교의 가치와 조화되도록 변경되었음을 의미하는 것이다.

재해석은 문화가 다양성을 유지하는 데 도움이 되는 과정이기도 하다. 문화적 요소가 다른 문화적 맥락에서 재해석됨에 따라 문화는 새로운 관점과 아이디어를 흡수할 수 있는데 이것은 문화가 더 포용적이고 관대해지는 기능을 하기도 한다.

다음은 문화적 적응에서 재해석 과정의 몇 가지 사례를 보기로 하자.

한 문화에서 다른 문화로 이주하는 사람은 새로운 문화의 가치와 신념을 재고해야 할 수도 있다. 예를 들어, 새로운 직장을 시작하는 사람은 새로운 직장의 가치와 신념을 재고해야 할 것이다. 한 직장에서 직원은 긴 시간 일하는 것으로 반면 다른 직장에서 직원은 더 유연한 근무 시간을 가질 수 있다. 새로운 직장에 적응하기 위해 신입 사원은 긴 시간 일하는 것을 수용하여야 할 것이다.

재해석은 쉽지 않으나 문화적 적응의 중요한 부분으로서 성장과 적응의 기회가 되기도 한다.

예를 들어, 기독교는 전 세계로 퍼져 있는 종교로서 전 세계의 다른 문화에서 기독교가 받아들여짐에 따라 기독교는 다양한 방식으로 해석되었다. 기독교는 아메리카 원주민 문화에서 자연과의 연결의 종교로 해석되었고 아프리카 문화에서 공동체의 종교로 해석되었다. 이러한 재해석은 기독교가 전 세계의 다양한 문화에서 받아들여질 수 있도록 한 것이다.

재해석은 또한 문화적 갈등으로 이어질 수 있다. 한 문화가 다른 문화의 아이디어와 관습을 자신의 문화적 맥락에서 새로운 의미로 해석할 때 두 문화 간에 오해가 발생할 수 있다. 예를 들어, 기독교는 미국에서 지배적인 종교이지만 미국에는 많은 다른 종교가 있다. 때때로 기독교인들은 다른 종교의 아이디어와 관습을 자신의 문화적 맥락에서 새로운 의미로 해석하는데 이것이 종종 오해와 갈등으로 이어진다.

사례1) COVID-19에 의한 상호변화

COVID-19에 의해 비대면 문화가 정착되었다. 대학에서 강의실 대면 강의를 할 수 없는 팬데믹 상황을 재해석하여 인터넷 강의로 대체한 것, 백화점 같은 대중 매장에서 이루어지는 직접 구매가 아닌 온라인상의 구매 및 배달 형식으로 이루어진 것, 기업에서 회의나 출장을 화상회의로 대체하는 방식은 플랫폼 기업의 성장과 발달을 촉진하게 되었다. 즉 COVID-19로 인해 사람들의 격리조치에 대한 재해석이 비대면 문화가 형성되고 그로 인해 다시 플랫폼 기업들이 생성되는 구조로 연결된 것에서 서로 변화가 이루어진 것이다.

재해석의 과정단계에서는 기존의 것에서 대체하거나 개조 또는 새롭게 창작하여 이루어지는 경우가 있다. 따라서 어떤 형태로는 적응을 위한 변화는 발생한다.

2. 재구성에 대하여

문화 전이는 한 문화에서 다른 문화로의 문화적 요소의 흐름을 말한다. 예를 들면 사람들이 이주하거나, 상품과 서비스를 교환하거나, 아이디어를 공유함으로써 발생할 수 있다. 문화 전이는 문화의 진화와 변화에 중요한 요소라고 할 수 있다.

문화 재구성은 문화 전이의 결과로서 새로운 문화적 요소가 도입되면 기존의 문화적 요소와 상호 작용하여 새로운 문화를 형성하게 된다. 문화 재구성은 종종 갈등과 혼란으로 이어질 수 있지만, 이것은 문화적 요소가 항상 서로 호환되는 것은 아니기 때문이지만 때로는 새로운 아이디어와 관행을 창조하는 수도 있다.

문화 전이와 재구성은 복잡하고 역동적인 과정으로서 그들은 개인, 집단, 사회를 변화시킬 수 있으며 또한 전 세계의 문화적 다양성을 형성하게 하기도 한다.

문화 전이와 재구성의 몇 가지 예는 다음과 같다.

먼저 유럽인들이 아메리카를 식민지화하면서 유럽 문화가 아메리카 대륙으로 전해졌는데 이것은 원주민 문화의 변화와 유럽 문화의 영향을 받은 새로운 아메리카 문화의 형성으로 이어진 경우다. 또 인터넷의 등장으로 전 세계 사람들이 아이디어와 정보를 공유할 수 있게 되었고 그로 인해서 새로운 문화적 요소의 흐름과 새로운 문화의 형성으로 이어졌다. 그 외 사람이 이주에 따라 다른 문화에 노출되고 새로운 아이디어와 관행을 채택하게 되는데 이것은 기존 문화의 변화와 새로운 문화의 형성으로 이어질 수 있는 것이다.

결국 문화는 새로운 환경에 적응하기 위해 다양한 방식으로 수정되고 변화할 수 있는데 그 재구성의 경우는 언어, 종교, 예술, 음식, 의복, 건축, 문화 등 다양한 분야에서 문화가 살아 있고 변화하는 방식으로 나타난다. 그것은 문화가 새로운 환경에 적응하고 변화할 수 있는 능력이 있다는 것을 의미하고 문화가 새로운 환경에 의해 어떻게 변화할 수 있는지 보여주는 것이다.

여기서 문화 재구성의 개념 흐름을 COVID-19 사례와 연동하여 살펴보기로 하자.

가. 1단계 문화제시와 선택적 수용

문화의 평형상태가 유지되고 있는 상황에서 새로운 문화 요소가 접변을 일으키고 수용자는 그 새로운 문화 요소를 선택적으로 수용한다. 예를 들면 COVID-19 확산으로 인류의 공포가 시작되는 과정이 해당한다. 새로운 치료제 등 대응이 필요해진다.

COVID-19의 강제수용

나. 2단계 저항

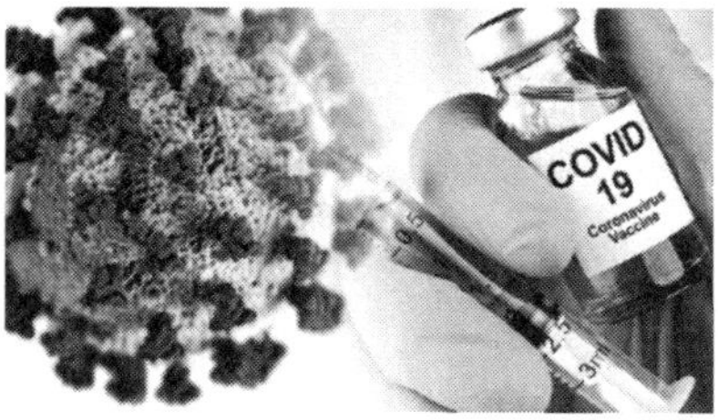

백신에 의한 적합화

선택적으로 수용된 문화 요소에 의해 평형상태가 깨지고 동요가 발생하는 동시에 부분적으로 저항이 발생하게 된다. 이 과정에서 수용자는 새로운 문화 요소에 대한 적합화 과정을 거치게 되는 즉, 재해석의 과정을 거치게 된다. COVID-19의 경우, 인류의 생존을 위한 대응으로 백신 주사에 의한 예방접종이 이루어지고 면역형성이 이루어져 COVID-19 바이러스의 공포로부터 안정화를 도모하게 된다. 이 과정이 재해석(인류 생존위한 대응)과 적합화(백신 접종으로 면역생성)에 해당한다.

다. 3단계 재구성

새로운 문화 요소에 대한 재해석 과정이 끝나면 새로운 평형상태가 전개되는 것이다. 이것이 곧 문화의 재구성이 완료되는 과정이다.

새로운 평형과 불안

COVID-19의 사례에서 생명(건강) 유지 즉 인류공생이 가능하게 되어 새로운 평형상태로 이어지나 여전히 불안은 지속된다.

3. 역사 속의 문화 재해석 - 구한말 서구화의 재해석 -

문화의 재해석과 관련 사례를 역사 속에서 찾아보기로 하자. 조선 시대의 끝자락에서 소위 근대 서구화라는 문화변동이 가장 극심했을 상황에서 구한말 지식인들이 내세웠던 서구화의 방식을 근거로 하여 문화 재해석의 사례를 보고자 한다.

김옥균과 홍종우

먼저 개화파 선두였던 김옥균과 박영효 등은 일본의 개화파 주도 세력인 후쿠자와 유키치의 영향을 받아 일본의 메이지유신과 같은 방식으로 근대화를 이루려고 한 것이다. 즉 특정 세력의 주도로 근대 계급사회 주력이었던 사무라이 정권을 타도하고 근대화에 성공한 방식 - 서양의 문물뿐 아니라 제도와 정신까지 적극적으로 도입하는 방식-을 도입하려고 한 것이었다. 실제로 김옥균 등은 고종의 승인 아래 일본의 재정적, 군사적 지원을 받아 갑신정변(1884)을 일으킨다. 하지만 일본의 지원 약속 불이행과 청군의 개입으로 3일 만에 실패하고 일본으로 망명을 가게 된다. 일본의 메이지 유신으로 성공한 근대화와 김옥균의 개혁근대화의 차이는 민중의 지지를 얻지 못한 소수 상층부 지식인들 위주의 개혁이란 점에서 일본과 다른 점이 있다. 일본의 경우는 하층부 세력들이 천황을 중심으로 기득권 막부 세력을 타도하는 방식이었기에 민중의 지지를 얻을 수 있었다는 차이가 있다.

다음으로 수구파였던 홍종우의 근대화 방식을 살펴보자. 홍종우는 조선인 최초로 프랑스에 유학하여 법률을 공부한 소위 유학파 신지식인이었다.

홍종우는 김옥균과 마찬가지로 조선의 근대화를 위해 노력했지만, 개화파와 달리 중국의 양무파와 같이 유교적 전통과 왕의 권위를 중요하게 생각하고 조선의 왕조를 유지하며 근대화를 추구하려고 한 점에서 김옥균의 개화파와 커다란 차이점을 보였다. 이같이 개화파 김옥균과 수구파 홍종우는 근대화를 지향하는 방향은 같았으나 그 방법에 있어서 서로 대조적으로 달랐다. 결국 홍종우는 근대화의 방식에 이견을 가진 김옥균을 저격 살해하게 된다.

이상에서 구한말 두 지식인은 근대화(Modernization)라는 거대한 문화변동에 대응하는 방식이 서로 달랐다는 것이다. 나아가 근대화라는 문화접변의 기회를 수용하는 자세와 태도 즉 근대화라는 문화요소의 재해석에 있어서 차이를 극복하지 못한 것이다. 이것은 근대화라는 새로운 문화 요소를 수용하여 각자 자신의 관점에서 근대화를 재해석하는 과정이 서로 달랐다고 할 수 있다.

4. 문화의 번역

사전적인 의미에서의 번역이란 기호나 표현의 뜻을 어떤 조작을 통하여 밝히기도 하고 또는 부여하는 일·인간의 몸짓·언어 등 언어적 기능을 말한다. 문화에서의 번역이란 문화 수용자가 새 문화 요소를 수용하여 재창조하는 과정을 말한다.

에드먼드 리치에 의하면 현대 인류학의 주요 관심사는 '타자'를 이해하여 타자의 문화를 자기 문화로 번역하는 것이라고 했다. 또 리치는 문화의 번역은 단순한 언어의 교체가 아니라 타자의 문화적 언어의 시적 의미를 번역하는 것에 있다고 하였다.[18] 그렇다면 번역한다는 것은 어떤 것인가? 문화 번역은 당연한 일이지만 언어와 비언어적 양방향의 커뮤니케이션 총체를 포함하는 것이다.

문화 번역은 한 문화권의 텍스트를 다른 문화권의 언어로 전달하는 과정이기도 하다. 언어 번역 이상의 과정으로, 텍스트의 문화적 맥락을 이해하고 그것을 새로운 문화권의 맥락에 맞게 조정하는 것을 포함하는 것이다. 문화 번역은 텍스트의 의미를 유지하고 새로운 문화권의 독자들이 이해할 수 있도록 하는 데 필수다.

서구열강에 의해 식민지주의가 활발하게 전개되는 상황에서 문화의 번역이란 지배하는 사회와 지배당하는 사회 언어에는 비대칭적 성향이나 압력이 있는 한 그 사회는 파괴된 달리 말하자면 더러워진

18) E.R.Leach, "Ourselves and the others". TLS, July, 6, 1973

사회로 될 수 있다는 의미라고 한다.[19]

문화 번역이란 위에서 언급한 언어 중심의 번역 이외의 의미도 내포하고 있다. 그것은 문화수용자가 수용된 문화 요소를 자신만의 가치 또는 관습적인 기준에 의해 자기 위주로 해석하여 유리하게 접근하는 방식으로 사용되기도 한다. 따라서 문화 재해석의 한 방법으로서 또 다른 문화창조의 방법이며 새 문화 요소를 수용하여 재창조하는 과정이다.

이와 같은 관점에서 문화 번역의 중요성을 다음과 같이 정리하기로 한다. 첫째, 그것은 다른 문화에 대해 배우고 다른 관점을 이해하는 것으로 기능할 수 있다. 둘째, 새로운 아이디어와 관습이 다른 문화로 퍼지게 하는 기능이 있다. 셋째, 이해와 포용의 문화를 조성하는 기능이 있다. 따라서 문화 번역은 서로 다른 문화와의 소통을 가능하게 하고, 서로 다른 문화권의 사람들에게 새로운 아이디어와 경험을 소개하는 기능을 하기도 한다.

사례) COVID-19에 의한 근무 형태의 번역

코로나19에 의한 팬데믹으로 비대면 문화가 활성화되고 그에 따라 기업이나 조직에서 새로운 패턴의 근무 형태가 도입되었다. 즉 평소 출근하여 근무하는 것을 재택근무로 변경하고 회의 및 해외 장기출장도 화상회의 방식으로 대체하는 결과로 이어졌다. 그 이후

19) クラル·アサド,「イギリス社会人類学における文化の翻訳という概念」,『文化を書く』, 紀伊国や書店 1996, 301

COVID-19의 종식 선언 이후에 과거의 방식대로 되돌리는 것이 아니라, 재택근무의 부분적 지속적 도입 또는 화상회의에 의한 출장 회수 경감 등으로 새로운 근무 형태가 자리 잡기 시작한 것이다. 즉, COVID-19에 의한 문화변화에 대한 새로운 형태로 재창조된 문화번역의 사례라고 할 수 있다.

Ⅶ 문화접변의 결과

식민 지배에 의한 문화접변 이후 마지막 단계에 피식민자에게 발생하는 양상을 살펴보기로 하자. 식민 지배는 강제적 문화접변이므로 수용 과정에서 피식민자는 기본적으로 저항, 반발하는 자세를 기본으로 드러낸다.

1. 동화(Assimilation)

문화 동화는 한 문화가 다른 문화의 요소를 받아들이고 흡수하는 과정이다. 이 과정은 종종 식민지화나 이민과 같은 외부 영향의 결과다. 문화 동화는 새로운 문화를 수용하는 문화에 영향을 미칠 수 있으며, 종종 언어, 종교, 풍습과 같은 문화적 전통의 변화로 이어진다.

일반론으로 문화적 동화는 긍정적인 것도 부정적인 것도 있다. 긍정적인 측면에서 문화 동화는 새로운 문화와 사람들에 대해 배우고, 새로운 아이디어와 관점을 수용하며, 더 포괄적인 사회를 만드는 데 도움이 될 수 있다. 문화 동화는 새로운 아이디어와 관점에 대한 개방성을 촉진하고 더 포용적인 사회를 만드는 데 도움이 될 수 있다. 부정적인 측면에서 문화 동화는 기존의 문화를 잃고, 소외감을 느끼고, 차별을 받는 데 도움이 될 수 있다. 달리 표현하면 문화 동화는 기존 문화의 상실로 이어질 수 있으며, 문화적 정체성과 소속감을 해칠 수 있다. 문화 동화는 한 문화가 다른 문화의 영향을 받아 변화하는 과정이다. 이는 새로운 아이디어, 관점 및 관습의 수용, 언어의 습득, 다른 문화의 사람들과 결혼을 포함한 여러 가지 요인에 의해 발생할 수 있다. 또한 문화 동화는 양방향 과정이 될 수 있다. 한 문화가 다른 문화의 영향을 받을 수 있지만 반대 방향도 마찬가지이다. 두 문화가 서로 영향을 미치는 과정은 문화접변이라고 한다.

문화수용 이후의 동화는 기존의 동화에서 벗어나 더 포괄적이고 다양한 동화를 말한다. 이 동화는 다양한 문화, 인종, 성 정체성 및 기타 정체성을 대표한다. 또한 문화수용 이후의 동화는 중요한 발전이다. 동화는 다양한 문화와 사람들에 대해 학습시키고 다양한 정체성을 포용하는 법을 가르치고, 더 포용적인 세상을 만드는 수도 있다.

식민주의에 의한 동화는 식민지 종주국의 문화적 가치, 관습 및 신념을 식민 피지배자에게 강요하는 과정이다. 종종 폭력, 위협 또는 억압을 사용하여 수행된다. 식민주의 동화주의는 식민지 종주국이 식민 피지배자를 통제하고 자신의 이익을 위해 사용하는 방법이었다. 또한 식민 피지배자들의 문화와 정체성을 파괴하는 방법이었다. 식민주의 동화주의는 20세기 초까지 식민지 시대에 널리 사용되었다. 피지배자의 저항에도 불구하고 식민지 종주국은 피지배자들에게 자신의 문화를 강요하였다. 구체적으로는 종종 교육, 언어, 종교 및 관습에 대한 통제를 통해 수행되었다. 지배과정을 문화변용이라는 관점에서 보면 피지배자들의 수용 자세에 따라 대표적으로는 저항의 방식으로 거절, 방종, 태만, 묵살 등으로 나타난다. 특히 저항의 경우는 식민지 세력의 문화적 지배에 저항하는 것이 대표적인 경우다.

일본 제국주의(이하 일제) 식민지 동화정책은 1910년부터 1945년까지 일제가 조선을 식민 통치하는 동안 시행한 정책으로, 조선인을 일본인으로 동화시키는 것을 목표로 했다. 이 정책은 일본어 교육과 일본 문화의 보급, 조선인의 사회·경제적 지위 제한, 조선의 역사와 문화에 대한 왜곡된 교육 등을 통해 추진되었다. 일제 식민지 동화주의는 일본 제국이 식민지를 통치하기 위해 사용한 이데올로기이다. 이 이데올로기에 따르면 식민지는 일본 문화에 동화되어야 했으며, 식민지 주민들은 일본인과 동등한 시민으로 대우받을 자격이 없다고 주장했다. 일제 식민지 동화주의는 식민지 사람들의 문화와 정체성을 말살하는 데 사용되었다. 일본어 교육을 강요하고, 식민지 사람들의 문화와 역사를 왜곡했으며, 식민지 사람들을 일본인보다 열등한 것으로 묘사했다.

그 사례로 일제 식민지 동화주의는 잔인하고 파괴적인 이데올로기였다. 식민지 사람들의 문화와 정체성을 말살하고, 식민지 사람들에게 고통과 고통을 안겨주었다. 이 정책은 조선인들에게 큰 고통과 피해를 주었으며, 조선의 독립을 위한 투쟁에도 큰 영향을 미쳤다. 이 이데올로기는 제2차 세계 대전이 끝날 때까지 지속되었으며, 제2차 세계 대전 이후 일본이 식민지에서 철수한 이후에야 공식적으로 폐지되었다.

일제 아래에서의 동화는 조선인의 삶의 방식 중 하나였다. 일제의 동화정책(황민화)에 의해 조선인의 교육 열기가 급격히 높아지는 현상이 있었다. 그 내막은 당시 80%에 달하는 조선인의 문맹률에 의한 요인과 일제의 압제에 의한 요인으로 1920년대 소/중학교 설치 요구가 증가하는 현상으로 연결된 것이다. 아울러 조선어 사용금지에 따라 일본어(국어) 학습에 적극적으로 나서게 하여 황국신민으로서 자긍심을 갖게 하는 것 등 모두가 일제에 의한 동화정책의 산물이라 할 수 있다. 일제는 근대화에 성공한 나라로서 서구 국가들의 식민지 지배에 대한 학습효과를 가지고 있었다. 대부분의 서구 국가는 영토와 세력 확장을 위해 식민 지배를 이용했고 그 중심에는 동화정책이 있었다. 예를 들어 프랑스 식민 지배의 경우를 보자.

프랑스로부터 독립한 아프리카 국가

프랑스는 19세기와 20세기 내내 아프리카의 많은 지역을 식민지화했다. 프랑스의 식민지 정책은 동화정책으로 특징지어졌다. 즉, 프랑스는 아프리카인들이 프랑스 문화와 가치에 동화되기를 기대했다. 이것은 프랑스어 교육, 프랑스 문화에 대한 노출, 프랑스 생활방식에 대한 격려를 포함한 다양한 정책을 통해 이루어졌다. 프랑스의 동화정책은 성공적이지 못했다. 많은 아프리카인이 프랑스 문화와 가치에 동화되기를 거부했고, 이로 인해 분쟁과 폭력이 발생했다. 또한 프랑스 동화정책은 아프리카인들의 고유한 문화와 정체성 상실을 초래했다.

프랑스의 동화정책에서 알 수 있듯이 프랑스와 아프리카 여러 나라와의 관계 설정은 식민 지배로 인한 결과였다고 할 수 있다. 결국 일본의 동화주의에 의한 식민 지배도 프랑스와 마찬가지로 실패한 결과로 끝났다고 할 수 있다. 다만 그 이후 식민국가의 동화주의에 의한 영향은 피 식민국가가 근대국가로 형성해가는 과정에 커다란 피해를 주었던 것이었다. 오늘날에도 여전히 식민국가와 피 식민국가 사이의 긴장과 불신이 남아있는 것은 현실 문제다.

2. 적응(Adoption)

식민지 지배문화에 대한 적응은 식민지 지배를 받는 사람들이 지배자의 문화를 받아들이고 동화하는 과정이다. 이는 새로운 아이디어, 관점 및 관습의 수용, 언어의 습득 등 식민지 지배자들의 문화적 규범에 따라 행동하는 것을 의미한다.

식민지 지배문화에 대한 적응은 식민지화된 사람들에게 여러 가지 이유로 필요할 수 있다. 식민지 지배자들의 문화적 규범에 따라 행동함으로써 식민지화된 사람들은 폭력을 피하고 식민지 지배자들의 사회에서 성공할 수 있다. 또한 식민지 지배자들의 문화에 적응함으로써 식민지화된 사람들은 식민지 지배자들의 문화적 가치와 아이디어에 노출될 수 있으며, 이는 식민지화된 사람들에게 새로운 가능성을 열어줄 수 있다.

그러나 식민지 지배문화에 대한 적응은 식민지화된 사람들에게 해로울 수도 있다. 식민지 지배자들의 문화적 규범에 따라 행동함으로써 식민지화된 사람들은 자신의 문화와 정체성을 잃을 수 있으며, 이는 정신적 고통과 문화적 정체성 상실로 이어질 수 있다. 또한 식민지 지배자들의 문화에 적응함으로써 식민지화된 사람들은 식민지 지배자들의 문화적 가치와 아이디어에 동화될 수 있으며, 이는 식민지화된 사람들의 저항과 저항 의지가 약화 될 수 있다.

식민지 지배문화에 대한 적응은 복잡한 과정이며 긍정적인 것과 부정적인 것의 두 가지 방식으로 작용할 수 있다. 긍정적인 측면에서 식민지 지배문화에 대한 적응은 새로운 아이디어와 관점에 대한 개방성을 촉진하고 더 포용적인 사회를 만드는 데 도움이 될 수 있다. 이러한 적응은 피식민자로서 선택한 결과이기도 하다. 식민 지배는 대개 서구 국가들에 의해 수행되었으며 그 배경은 근대화 과정을 통한 근대국가로서 팽창적 성장이었다고 할 수 있다. 식민 지배자의 강하고 선구적인 문화 충돌을 피식민자는 스스로 발전과정으로 받아들이는 수용 자세에서 가능하다. 다르게 말하면 피식민자 자신의 적극적 성장 논리에서 비롯된다고 볼 수 있다. 소극적이고 부정적인 측면보다 긍정적이고 적극적인 삶의 적응 과정이라고 할 수 있다.

한편 부정적인 측면에서 식민지 지배문화에 대한 적응은 기존 문화의 상실로 이어질 수 있으며, 문화적 정체성과 소속감을 해칠 수 있다. 식민 지배에 대한 적극적이든 부정적이든 적응의 결과는 기존 문화체계의 파손이다. 식민 지배는 평온 상태에서의 강제적 문화 충돌에 의한 문화접변이다. 앞서 살펴본 대로 식민주의에 의한 주요 정책은 동화주의다. 동화주의는 기존의 문화체계를 식민자의 문화로 강제 전환하는 것이다. 그 주요 방법은 폭력적이고 강압적이므로 문화 주체인 피식민자는 식민 지배자의 문화를 강제 수용당하는 것이다. 그 수용 과정에서 피식민자의 삶은 기존 문화의 상실로 이어질 수밖에 없고 정체성의 혼란으로 이어진다. 정리하여 보면 식민지 지배문화에 대한 적응은 식민지 지배의 필연적인 결과는 아니다. 식민지 지배하에 있는 사람들은 자신의 문화를 유지하고 지배자의 문화를 받아들이지 않을 수도 있다. 일본 제국주의에 의한 조선인의 동화정책에 부응하는 방식 중 하나이고 표면적 수용 자세라고도 할 수 있다. 당시 조선인의 삶의 방식으로서 미온적 수용으로서의 태만. 이중적 태도, 조선어와 일본어의 언어 병용, 여러 정책 강요에 대한 차별적 대응 등이 있다.

3. 반발(Reaction)

식민지 지배문화에 대한 반발은 식민지 지배의 정치적, 경제적, 문화적 영향에 대한 비판과 저항으로 특징지어지는 사회적, 정치적 운동이다. 식민지 지배문화에 대한 반발은 피식민자에 의해 식민지 시대와 식민지 시대 이후에 일어난 것으로 구분할 수 있다. 식민지 시대의 반발은 식민 지배자에게 저항하는 방법이 될 수 있으며, 식민 지배자와 피식민자 사이의 갈등을 유발한다. 식민 지배의 전형적인 방침은 식민자 문화에 의한 동화이므로 피식민자는 문화적 정체성의 혼돈을 치르게 되므로 반발하는 형태로 저항을 보인다. 식민 지배에 대한 모든 저항이 그렇듯이 피식민자는 강제적 문화 충돌에 대한 반발로 나타나는 것이다. 제도와 관습 그리고 이념에 이르기까지 모든 영역에서의 문화 충돌은 문화 주체인 인간의 삶 그 자체를 변화시키는 것이므로 사회 전반에 걸쳐서 저항의 형태로 나타난다.

식민지 시대 이후에 반발은 피식민자가 식민 지배를 계기로 자신의 정체성과 문화를 재발견하고 재결합하는 방법이 될 수 있다. 피식민자는 식민 지배자의 문화를 수용하거나 거절하는 것, 식민 지배자의 가치와 규범에 도전하는 것, 식민 지배자의 문화가 그들의 문화에 미치는 영향을 거부하는 것 등으로 나타날 수 있다. 이른바 문화변용에서 새로운 문화 요소에 대한 재해석 또는 번역과정이라고 할 수 있다.

식민 지배문화에 대한 반발은 여러 가지 형태를 취할 수 있다. 정치적 반발에는 식민지 정부에 대한 시위, 파업 및 폭동이 포함될 수 있다. 경제적 반발에는 보이콧, 파업 및 자본 철수가 포함될 수 있다. 문화적 반발에는 언어, 종교 및 예술의 부활이 포함될 수 있다. 이러한 현상은 적합화 과정이 덜 충분한 상태에서 일어나는 것으로 지속적인 반발로 저항을 초래한다. 식민지 지배문화에 대한 반발은 식민지화된 사람들의 투쟁의 공통된 주제이다. 대표적으로 식민지 조선인의 저항은 문화수용의 한계를 드러내거나 도피와 약탈 그리고 약자로서 조직적 저항을 하는 형태로 나타났다. 고종 승하 이후 3.1운동(1919), 순종 승하 후 6.10 운동(1926), 조선어학회 사건(1942) 등이 그 대표적인 사례로 내용과 형식은 다양하게 나타난다.

식민 지배문화에 대한 반발의 역사는 오래되었다. 식민 지배에 대한 반발은 다양한 방법으로 이루어졌다. 무력 투쟁, 비폭력 투쟁, 문화적 투쟁 등이 있다. 무력 투쟁은 군사적 힘을 사용하여 식민지 세력과 싸우는 방법이다. 비폭력 투쟁은 폭력을 사용하지 않고 평화적으로 식민지 세력에 저항하는 방법이다. 문화적 투쟁은 식민지 세력의 문화에 맞서 자국의 문화를 지키고 발전시키는 방법이다. 가장 유명한 예는 아메리카 독립 전쟁(1775년~1783년)으로 아메리카 식민지 개척자들은 영국(각종 세금 정책)에 반발하여 독립전쟁을 일으켰고, 결국 독립으로 이어졌다. 또한, 인도에서는 마하트마 간디의 비폭력 독립운동(1857년~1947년)이 일어나 영국으로부터 독립을 쟁취했다. 아프리카에서는 넬슨 만델라가 아파르트헤이트에 반발하여 민족해방운동(1950년대~1970년대)으로 독립을 쟁취했다. 20세기에 아프리카와 아시아의 많은 국가가 식민 통치로부터 독립을 얻었다.

오늘날에도 식민지 지배문화에 대한 반발이 계속되고 있다. 팔레스타인인들은 이스라엘에 맞서 반발하고 있으며, 캐나다 원주민들은 캐나다 정부에 맞서 반발하고 있다.

4. 문화적 경계인

앞서 문화접변에 대해 수용자의 태도와 과정을 단계별로 나누어서 살펴보았다. 특히 강제 문화접변에 대한 수용자의 태도는 수용자의 가치관, 사회 관습, 정치 경제적 사회상황 등에 따라 다양하게 표출된다.

대표적으로 일제 강점에 의한 조선인으로서의 당시 일본인은 강제 접변이라는 문화접변에 대해 이른바 친일과 반일로 양분되는 것이 아니라 때로는 더 소극적이고 은둔적인 태도로 존재하는 경우가 있다. 즉 강제적 문화적 충돌에 의한 수용 태도에서 애매하고 중립적인 태도를 하는 경우가 있을 수 있다. 그것은 묵살, 태만, 나태, 방임 등 소극적인 태도로 나타난다. 그러나 이러한 태도는 외부의 강압적인 문화 충돌에 대한 수용자의 태도지만 자신 스스로에 대한 태도는 표리부동의 경우가 있을 수 있다. 즉 수용자 자신 스스로는 적극적인 삶을 추구하면서도 외부의 강압적인 문화 요소에 대한 태도는 소극적으로 한다는 것이다. 이런 경우에 문화 수용자는 정체성의 혼란을 겪게 되며 대표적으로 이중적인 태도를 하게 되는 경우가 많다.

1960년대 일본의 전설적인 프로레슬러 역도산(한국명 김광호)은

문화적 경계인 역도산

북한 함경남도 출신으로 북한과 남한 그리고 일본이라는 각각 분리된 경계에서 존재하였던 문화적 경계인이었다.

역도산은 일본 스모선수로 발탁되어 일본으로 건너가서 일본인이 되기를 바랐다. 그것은 일본의 식민지로 전락한 조선의 국가적 운명과 그 시대를 살았던 조선인의 운명은 궤를 같이하는 것이었기 때문이다. 역도산이 일본인의 신분으로 미국 프로레슬러와 경기에서 미국 선수를 이기는 모습은 2차 대전 패전의 아픔이 있었던 일본인에게 일본의 영웅이 되었다.

그런 역도산은 제자이자 전 프로레슬러이자 참의원이었던 안토니오 이노키의 도움을 받아 고향인 북한과 일본의 관계 개선을 위해 노력하였다. 북한 정권에 벤츠를 선물할 정도로 노력하였는데 그 이면에는 북한 출신인 자신의 정체성 강화를 위해서도 열성을 다하였다.

한편, 한일 국교 정상화(1965) 이전까지는 남한과 일본의 관계도 원만하지 못한 상태였다. 그런 시대에 한일 양국 정치인들은 역도산에게 양국의 정치적 가교역할을 기대하였고 역도산도 한국인이라는 커밍아웃을 감수하면서 역할을 하려고 하였다. 한국으로서는 북한과의 관계 교류를 시도하는 역도산을 경계할 수밖에 없었고 일본 영웅이 조선인 출신이라는 것이 알려지고 일본 사회로부터 차별받는 처지로 바뀌게 된다. 한국과 북한의 분열, 그리고 한국과 북한 그리고 일본 관계가 원만하지 못했던 시대에 일본인 프로레슬러 영웅 역도산은 정체성의 혼란을 겪으며 어느 곳에서도 환영받지 못하는 처지였다.

강제 문화접변에 의한 식민지 지배를 받는 문화 수용자(피식민자)가 문화수용 태도로 가장 흔한 것은 동화 또는 저항이다. 강제 문화접변 상황에서는 동화나 저항 모두가 피식민자로서 의지와 무관하게 차별로부터 해방될 수는 없는 것이다. 이러한 문화적 경계인은 역도산 이외에도 다수 볼 수 있다. 마라토너 손기정, 야신 김성근 감독, 너구리 투수 장명부, 유도선수 추성훈 등 모두가 경계선에 서 있었던 경험을 가진 사람들이다.

2016년에 출시된 '밀정'이라는 영화가 있다. 그 영화에서 그려지는 '이정출'(송광호 분)은 당시 조선인으로서 일제 식민 지배에서 피식민자의 적응을 잘 보여주는 사례였다. 일제 식민 지배 환경에서 개인의 성공은 '입신출세'라는 프레임으로 만들어져 있다. 입신출세는 곧 인

영화 '밀정' 포스트

생의 성공을 의미하는 것이므로 이정출은 조선인으로서 일본 경무국 형사로 활동하여 입신출세를 꿈꾸고 있는 피식민자다. 일본 경찰 형사인 그에게 의열단의 뒤를 캐라는 특명이 부과된다. 이정출은 일제 식민 지배(강제 문화접변)를 자신의 출세 기회로 수용한 피식민자로서의 적극적 '적응'이라고 할 수 있다.

또 다른 '의열단'의 김우진(공유 분)은 피식민자로서 일제 식민 지배에 대한 '저항'으로 '적응'하는 피식민자다. 김우진과 이정출은 일제 식민 지배 환경에서 각자 선택한 수용 자세로 인해 서로 정체를 감추고 각자의 목적달성을 위해 서로 이용(암투, 회유, 교란 등)한다. 이것 역시 두 사람이 선택한 피식민자의 삶의 방식이다. 결국 두 사람 모두 일제 식민 지배(강제 문화접변)에 대한 수용자로서의 선택이 다르다는 것이다. 영화 속에서 이정출은 의열단 도주를 도왔다는 죄로 재판을 받게 된다. 그 변론에서 자신은 일본 경무국 형사로서 의열단원을 잡기 위해 최선을 다한 것이고 결코 의열단원과 친구가 아니라는 변론하며 눈물을 흘린다. 그 눈물의 의미는 적극적인 삶과 소극적인 삶이 혼재되어 나타나는 것이다. 피식민자 조선인으로서 일제 식민 지배에 대한 적응에서 정체성의 혼란이 순간이자 문화적 경계인의 태도라고 볼 수 있다.

강제 문화접변에 의한 수용자 중심의 태도에서 문화적 경계가 문제가 되는 경우가 또 다른 경우를 살펴보기로 한다.

일본 제국주의는 조선을 식민지화하면서 조선인에 대해 황민화 정책을 전개하였다. 황민화는 황민화 교육을 통하여 이른바 일본 제국주의에 편입된 조선인을 황국신민으로 동화시키는 정책이다. 또한 일본으로서는 강제 병합의 당위성을 부여하기 위해서는 모든 영역에서 차별 없이 조선인을 대우해야만 하는 내선일체[20]를 주장하였다. 문제는 황국신민의 전쟁 출병 의무부여에서 발생하였다. 일본 제국주의가 전개한 전선은 확장되고 있었고 그에 따라 조선인(황국신민)에게도 징병 의무가 부여된 것이다.

일본 군부에서는 총을 배급받은 조선인 출신 황국신민은 진정한 일본인일까?라는 의심을 할 수밖에 없었다. 따라서 사상검증을 강화하면서도 조선인에게 총을 배분하지 않는 상황이 발생한 것이다. 그렇다면 황국신민화된 조선인은 일본인인가 아님 조선인인가? 문화적 정체성의 혼란과 새 문화 요소인 일본 제국에 대한 저항도 생길 수밖에 없는 것이다. 따라서 당시 조선인의 일부는 일본인이면서도 일본인이 아니었다. 결국 문화적으로 일본인과 조선인의 경계에 머무를 수밖에 없었던 경계인으로 존재할 수밖에 없었다.

Q. 문화적 경계인의 예를 제시해 보시오.

---

20) 內鮮一體, 일본 제국주의가 조선을 강제 통합한 의미 정당화를 위해 내세운 정책, 일본과 조선이 하나라는 의미로 동화주의를 표방한다.

Ⅷ
실크로드와 문화접변

Q1. 실크로드에 담긴 인간의 욕망과 의지는 무엇이었는가?

Q2. 실크로드를 통한 동서양 왕래는 어떤 의미가 있는가?

실크로드와 문화접변

1. 실크로드의 개요

인간의 국제적 이동에 관한 연구에 의하면 지구 인구의 약 2% 정도가 국경을 넘어 이동한다고 한다. 동서양의 경계를 넘어 이동한 역사로서 실크로드의 사례를 살펴보자.

실크로드는 동아시아와 서아시아를 연결하는 무역로다. 기원전 2세기에 장건의 중앙아시아 원정으로 개통되었으며, 15세기까지 사용되었다. 실크로드는 비단, 향신료, 도자기, 금속, 유리 등 다양한 상품의 교역로였으며, 또한 군사 침략과 전쟁의 통로이기도 하고 종교, 철학, 과학 아이디어도 교환되어 동서양 문화의 교류에도 중요한 역할을 했다. 실크로드는 중국 시안에서 시작하여 중앙아시아를 거쳐 서아시아로 이어졌다. 실크로드는 여러 개의 지선으로 나뉘었으며, 가장 중요한 지선은 북쪽의 하서주랑로와 남쪽의 천산남로다. 하서주랑로는 중국 고대의 수도 장안에서 출발하여 타클라마칸 사막을 지나 중앙아시아로 이어졌다. 천산남로는 중국 고대의 수도 뤄양에서 출발하여 천산산맥을 지나 중앙아시아로 이어졌다.

실크로드는 동서양 문화의 교류에 중요한 역할을 했다. 실크로드를 통해 비단, 향신료, 도자기, 금속, 유리 등 다양한 상품이 교역되었으며, 동서양의 종교, 철학, 예술 등 다양한 문화도 교류되었다. 실크로드는 동서양 문화의 발전에 큰 영향을 미쳤다.

그리고 동쪽 중국 시안에서 서쪽 이탈리아 로마까지 12,000km에 달하는 장거리를 이동하였다는 것이다. 당시 교통수단이라면 육지에서 낙타나 말 강에서 배 그리고 도보였을 것이고 그 외에도 자연재해나 역병, 악천후, 도적 등 상단이 극복해야 할 장애가 수없이 있었다는 것을 짐작할 수 있다. 그런데도 그 먼 거리를 목숨을 걸고 이동하여 동쪽에서 서쪽으로 서로 오가며 왕래한 목적과 배경은 무엇이었으며 그 결과는 어떠하였는가?

실크로드 경로

2. 출발점 시안의 특성

우선 실크로드의 발상지 중국 시안은 어떤 특징을 가진 도시였던가? 시안은 중국 산시성의 수도이며 약 800만 명의 인구가 사고 있는 도시다. 시안은 중국 중서부, 황하 유역에 위치하여 물관리 및 수송에 유리하여 중국 북부에서 가장 중요한 도시 중 하나였다. 또한 중국에서 가장 오래된 도시 중 하나이며 오늘의 북경으로 수도를 옮기기 전까지 한나라, 당나라, 위나라 등 중국의 13개 왕조의 수도로서 정치, 경제, 문화, 사상의 중심지였다. 시안은 실크로드의 동쪽 끝 주요 거점이었으며 현재는 중요한 경제 및 문화 중심지다. 시안은 고대 도시로 기원전 7세기에 세워졌고 당시 인구는 50만 명에 달할

실크로드 출발점 시안

정도로 당시 중국에서 가장 큰 도시였고 세계에서 가장 큰 도시이기도 하였다. 지리적으로 중국 심장부에 있어 전략적인 위치를 차지하고 있어 무역과 군사적 전략의 주요 중심지였으며 또한 티베트고원과 화북 평원의 경계에 위치하여 무역 및 문화 교류에 유리하였다.

오늘날의 시안에 남아 있는 유적을 통해서도 당시 장안의 규모가 어느 정도였는지 짐작할 수 있다. 시안이 실크로드가 출발과 도착하는 관문 기능이 있었고 시안성의 규모에서 당시 장안의 도시적 기능을 상상할 수 있다.

시안성 모습

현재 성의 높이가 12m 정도이고 성곽의 넓이는 14m 정도로 오늘날 자동차 전용도로 4차선 규모이고 성 둘레가 13.5km 정도이고 당나라 당시의 규모는 현재의 8배 규모였다고 하는 것으로 시안성의 도시적 크기를 짐작할 수 있다. 또 시안은 당시 인구 100만 명이 사는 국제도시였다. 동방견문록을 쓴 마르코폴로가 시안의 화려함과 아름다움을 기록한 것에서도 시안의 문명적 의미를 확인할 수 있다. 세계 4 대 문명 발상지의 중심이었던 시안의 위상에서 실크로드가 탄생하는 의미를 찾을 수 있다.

3. 당시 중국 문명의 위상

시안에는 중국 역사에서 최초로 중국을 통일한 진시황제의 왕릉이 있다. 개인의 무덤으로서 세계에서 가장 큰 무덤으로 그의 권력이 어느 정도였는지 알 수 있는 규모다. 병마용갱으로 유네스코 세계문화유산(1987년 지정)의 하나이기도 하며 당시 중국의 문명이 최고조에 달해있음을 알 수 있다.

진시황릉 병마용

진시황의 병마용갱에서 당시 한 나라의 과학기술 발달 정도를 짐작할 수 있다. 청동으로 만들어진 동거 마차에서 주조기술과 정교성을 엿볼 수 있다. 동거 마차의 고삐와 굴레는 모두 금과 은으로 만들어져 있는데 눈으로는 이음새(용접 부분)를 확인할 수 없고 24배의 확대경으로 확인이 가능할 만큼 정교하였다.

1만 4천 평의 1호 갱에서 발굴된 병사 동상 수만 6,000점이고 그 병사 하나하나가 마치 살아있는 듯 생동감 있고 같은 모습은 하나도 없어 그 다양함에서 당시의 흙을 빚어 굽어내는 기술 등을 추정할 수 있다. 또 병마용은 진나라 당시의 군사적 진용 그대로 재현한 것이라 한다. 진시황의 중앙집권적 통치와 그 연장선에 있는 군대의 진용까지 얼마나 조직적이었는가를 보여주는 것이다. 진시왕릉을 20세기 최대 최고의 고고학적 자료이고 세계 8대 불가사의라고 칭할 정도로 문명적 가치가 있음을 보여준다.

또한 당시 한나라의 비단은 세계에서 가장 인기 있는 최고급 직물이었다. 부드럽고 광택이 있고 따뜻하며 또한 내구성이 뛰어나 여러 세기 동안 그 가치가 이어져 왔다. 비단은 중국에서 고급스럽고 귀중한 재료로 간주하여 종종 왕족과 귀족들만이 입을 수 있는 사치품이었다. 그 비단이 유럽과 중동에도 전파되는 과정에서 실크로드가 만들어진 것이다. 비단은 중국 경제의 주요 동력이었으며, 중국에 많은 부와 번영을 가져다주는 동시에 중국 문화와 기술의 상징이었으며, 세계에 중국의 영향력을 전파하는 소재였다.

4. 인간의 동서양 이동에 의한 문화접변

이상에서 살펴본 바와 같이 당시 한나라의 수도였는 시안의 지정학적 위치, 고도로 발달한 과학기술 수준의 문명과 문화접변 주체자로서 당시 중국인들의 서쪽을 향한 인간의 의지와 욕망이 실크로드를 탄생하게 하는 동인이 된 것임을 알 수 있다. 12,000km의 긴 여정에서 접촉하게 되는 여러 가지 상황에서 형성된 문화 흔적을 통해서 실크로드를 오갔던 동양인과 서양인의 이동의 문화적 의미를 파악할 수 있다.

예를 들면 당시 실크로드를 통해 전파되었던 불교, 유대교, 이슬람교, 기독교 등 다양한 종교 유산들을 실크로드의 각 요지에서 발견할 수 있다. 즉 사원과 모스크, 교회, 수도원 등을 통해 다양한 종교가 실크로드를 통해 전파되는 문화접변의 결과를 증명해주고 있다.

막고굴 벽화

가. 돈황 지역의 막고굴은 신장위구르 지역에 있는 석굴 사원이고 4C부터 14C까지 불교 승려들이 세운 것으로 약 45,000개의 벽화가 있다.

중국 막고굴 입구

타지키스탄의 석굴

나. 파미르고원의 타지크 고대 도시는 타지키스탄에 있는 고대 도시로 기원전 1세기경에 세워졌으며, 6세기까지 번성하였고 타지크 고대 도시에는 사원, 모스크, 교회 등 다양한 종교 유적이 있다.

다. 이스파한의 자메 모스크는 이란 이스파한에 위치한 모스크로서 자메 모스크는 7세기에 세워졌으며, 17세기까지 개조되었는데 자메 모스크는 세계에서 가장 큰 모스크 중 하나이며, 세계적으로 유명한 벽돌 모자이크로 장식되어 있다.

이스파한의 자메 모스크

아야 소피아 교회

라. 이스탄불의 아야 소피아는 터키 이스탄불에 위치한 교회로서 4세기에 세워졌으며, 15세기까지 교회로 사용되다가 15세기에는 이슬람 지배영향으로 모스크로 개조되었으며, 현재는 박물관으로 사용되고 있다.

문화 주체인 인간의 이동이 문화접변을 초래하고 그로 인해 새로운 문화 창조가 일어나는 문화생성 메커니즘을 디아스포라와 실크로드의 사례로 살펴보았다. 과거 역사 속의 기록이나 유산을 통해서도 인간의 의지와 욕망이 필요성과 적합성에 바탕을 두고 문화의 또 다른 창조를 유도하는 동인이라는 것도 알 수 있었다.

오늘날 이 지구상의 곳곳에서 인간의 의지 내지는 욕망으로 파생되는 다양한 문화충격(전쟁, 빈곤, 질병 등)으로 일어나고 있는 디아스포라가 동요, 해체, 재해석 등의 적응 과정을 거치면서 문화접변을 일으키고 새로운 문화 창조의 바탕이 된다는 것을 다시 한번 확인할 수 있었다.

5. 한반도와 실크로드

중국 시안에서 출발한 실크로드는 한반도에 어떤 영향을 주었을까? 지정학적으로 한반도는 중국을 통하여 문화가 전파되는 대륙의 끝이었다. 그러므로 한반도 역시 실크로드의 문화적 영향을 받을 수 있었다. 그 영향에 대해 한마디로 요약하면, 정수일은『우리 안의 실크로드』[21]에서 "실크로드는 한반도 문명의 젖줄이었다."라고 서술하고 있다.

삼국시대 신라가 서역과 교역한 증거와 유물을 왕릉에서 발견할 수 있었다.

오른쪽 그림에는 한반도에 거주하였던 사람들 모습과는 다른 모양을 알 수 있을 것이다. 신라 원성왕(785-798)의 능에 무인 석상이 있는데 그 모습으로 보아 서역인 즉, 중동지역 사람이라는 것을 알 수 있다. 외모로 보아 발달된 턱과 덥수룩한 수염, 그리고 커다란 눈망울, 높고 넓은 코, 그리고 의상으로 보아 당시 신라인의 모습은 아니라는 것이다. 이런 모습을 한 석상이 왕릉에 세워져 있다는 것으로 보아 해당 인물이 평범한 인물이

원성왕릉의 서역인 석상

21) 정수일,『우리안의 실크로드』, 창비, 2020

로만글라스

아니라 중요한 인물이라는 것을 알 수 있다. 원성왕 당시 이미 서역과 교역이 있었다는 증거다.

그리고 불국사 경내에서 돌 십자가, 성모마리아상으로 보아 기독교 전파를 알 수 있고, 그리스 로마풍의 로만 글라스, 와인 잔 풍의 토기, 말머리 뿔잔 등이 발굴된 것에서도 당시 서역과의 교류를 짐작할 수 있다.

그 외에 아랍 지리학자 쿠루다지바(820-912)의 저서에 신라를 '중국 동해에 있는 나라'라고 기록되어 있고 신라방 무역 왕 장보고가 증명을 하고 있다. 일본 나라현(奈良縣)의 정창원[22]의 소장 물품 중에는 신라로부터 매입 물품목록이 포함되어 있어 당시 신라가 서역과의 중개무역을 했을 것이라는 추측도 가능하다. 또 고려 시대의 개성 상인도 실크로드를 이용하여 교역을 실행한 것이고 또 고려사에는 아랍 상인이 100명씩 배를 타고 개경까지 왔다는 기록도 있다.

이상의 기록들과 증거 물품으로 보아 실크로드에 의한 영향이 한반도까지 미쳤다는 것으로 확인할 수 있다. 다시 정수일의 말을 빌리자면 "문명은 길을 따라 전파되고 섞임과 혼용 속에서 풍요롭게 된다."라는 내용이 그대로이다.

22) 正倉院(정창원)은 奈良縣 東大寺 북서쪽 약 300m 거리에 있는 일본 황실 창고다.

6. 아시안 하이웨이(Asian Highway)

아시안 하이웨이

유라시아를 연결하는 실크로드는 과거에만 존재했던 문화 교류 통로가 아니다. 현재도 도로와 철도로 대체되어 존재하고 있고 여전히 활발한 교류가 이루어지고 있다. 아시안 하이웨이는 2004년 한국, 중국, 일본, 러시아, 인도 이란 등 아시아 32개국을 연결하는 도로로 만들어진 것이다.

아시안 하이웨이는 아시안 지역의 국제 육상 교통개발을 위하여 UN의 아시아 태평양 경제사회위원회에서 추진하기로 하고 기존의 도로망을 활용하여 현대판 실크로드를 목표로 한 것이다. 아시안 하이웨이의 가장 커다란 장애는 남북한의 분단상황이다. 북한 지역을 통과하였던 과거 실크로드의 길을 회복하는 가장 필요한 과정이 남아 있다.

철의 실크로드는 유라시아 대륙을 잇는 철도망으로 한반도 종단철도와 시베리아 횡단 철도, 중국 횡단철도, 만주 횡단철도 등을 연결하는 프로젝트다. 철의 실크로드는 동북아와 유럽연합 경제권 통합을 목표로 한 것이다. 철의 실크로드가 완성될 경우, 미국, 유럽연합, 동북아 중에서 유럽연합과 동북아가 연결되는 결과로 되는 것이고 그 경제적 파급효과는 상상을 초월할 것이다.

이미 중국은 자국을 중심으로 아시아는 물론 중동, 유럽까지 하나의 경제권으로 묶는 '동맥' 연결을 시도하고 있다. 이른바 시진핑버전의 '일대일로 프로젝트'를 천명하였다. 예를 들면, 허난성 정저우(鄭州)-신장위구르- 카자흐스탄- 러시아-벨라루스- 폴란드- 독일로 연결하였다. 이상의 도로와 철의 실크로드가 완성되면 역사 속에만 존재하는 실크로드가 아니라 동서양을 연결하는 현대판 실크로드가 열리게 될 것이다. 문화는 국경을 넘어서 문화접변을 일으키며 흐르면서 들어간다. 지금은 물리적으로 남북한이 연결되어 있지 못하지만 국경의 교류는 이어지고 있다.

이상에서 보면 과거 실크로드 역사에서 문화 주체인 인간의 의지와 욕망이 희귀한 비단을 서역과 거래하려고 한 12,000Km의 여정이 왕성한 문화접변의 현장이 되었다는 것이다. 그렇다면 오늘날의 실크로드도 분명히 실존할 것이고 새로운 형태의 문화접변은 여전히 왕성하게 일어나고 있는 환경에서 우리는 살아가고 있음을 직감할 수 있을 것이다, 그 환경은 개인과 지역, 국가 나아가 국제적 환경까지 다양하고 중층적인 환경에 놓여있으므로 중층적이고 다양하고 복잡한 환경에서 지구촌 시민의 한 사람으로서 살아가고 있다는 것을 직시할 필요가 있다.

Ⅸ
COVID-19와 문화변용

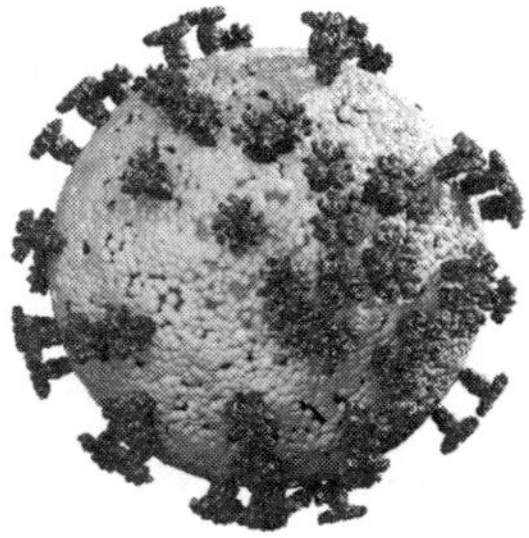

COVID-19 이미지

국제사회의 문화접변에 의한 문화 변화의 사례로서 COVID-19와 같은 팬데믹 질병에 의한 요인은 역사적으로 처음이 아니다. 역사상 가장 유명한 국제적 팬데믹 질병은 1347년부터 1351년까지 유럽을 휩쓸었던 흑사병이다. 흑사병은 세균에 의해 발생하는 감염병으로, 사망률이 매우 높았다. 흑사병으로 인해 유럽 인구의 약 3분의 1이 사망한 것으로 추정되었다. 다른 국제적 팬데믹 질병으로는 1918년부터 1920년까지 전 세계를 휩쓸었던 스페인 독감, 1957년부터 1958년까지 전 세계를 휩쓸었던 아시아 돼지 인플루엔자, 2003년부터 2004년까지 전 세계를 휩쓸었던 사스, 2014년부터 2016년까지 전 세계를 휩쓸었던 에볼라 등이 있다.

대표적인 것으로 천연두의 경우다. 1770년대 동안 천연두는 태평양 북서부 원주민의 30% 이상을 사망에 이르게 했다. 1837년에는 아메리카 인디언의 대부분을 죽음에 이르게 했다. 그 외 페스트의 경우, 1965년부터 1년 이상 발생한 런던 페스트는 당시 런던 인구의 25%에 해당하는 10만 명이 사망하였다. 19세기에는 인도에서 1천만 명 이상을 사망하게 했다. 그 외 HIV(인간 면역 결핍 바이러스), 홍역, 콜레라, 결핵, 한센병 등 수많은 사례가 있다.

여기서는 팬데믹에 의한 국제적 질병이 인간의 문화에 어떤 영향을 끼치는가를 중심으로 미국의 사례를 들어 살펴보고자 한다. 그리고 COVID-19에 대한 각 국가의 대응 그에 따른 국제문화의 변화 그리고 국가, 커뮤니티, 개인에 끼친 영향 관계를 문화접변의 관점에서 보고자 한다.

1. COVID-19에 의한 강제 문화접변

앞에서 살펴본 대로 같이 특정 질병에 의한 인간의 문화에 끼치는 영향은 과거에도 여러 차례 그 사례를 볼 수 있었다. 전염성이 강한 질병은 인간의 삶을 변화시키는 즉 문화변동을 일으키는 요인으로 작용하였다. 이러한 관점에서 COVID-19 팬데믹에 의한 변화를 문화변동의 과정이라는 관점에서 보고자 한다. 우선 COVID-19 발생 이후 문화변동의 과정을 시계열로 정리함과 동시에 문화 변화 메카니즘의 시각에서 살펴보기로 한다.

가. 평온 상태에서 새로운 문화 요소와 충돌

문화변동의 메커니즘으로 볼 때 먼저 COVID-19 바이러스가 출현하기 전의 평온 상태를 인정해야 한다. 최소한 특정 바이러스에 영향이 확대되지 않고 인간의 모든 삶이 평상을 유지하고 있는 상태를 말한다. 이 과정이 문화변동의 첫 시발점이 되는 것이다.

다음으로 새로운 문화 요소에 의한 문화접촉이 발생한다. 즉, 평온 상태에서 새로운 문화 요소가 강제 또는 자율적으로 접변을 시도하는 것이다. COVID-19 바이러스는 강제 접변에 해당하므로 인간의 자율적 의지와는 별개로 문화접변을 당하게 되는 것이고 개인의 삶을 비롯하여 조직의 부분적 또는 전체 해체가 발생하여 동요로 이어진다. 실제로 발생 초기에 많은 감염자와 사상자가 발생하며 전세계적으로 혼란에 빠진 상황으로 이어졌다.

나. 동요, 혼란으로 인한 부분 및 전체 해체

문화접변이 일어나면 초기 대응을 하게 되고 여기서 새로운 문화 요소에 대한 수용자의 태도가 결정된다. 새 문화 요소에 대한 인간의 필요성이나 적합성으로 구별하여 선택적으로 태도를 결정하게 된다.

1) 2020. 1.

가) 미 국무부 공중보건 비상사태 선포

나) 중국 여행금지 및 최근 2주 이내 중국 대륙 방문 경험자 입국 통제 조치,

다) 신종 바이러스 감염자 격리시설 군부대 내 확정

2) 2020. 2.

가) 주한 대구공군기지 잠정 폐쇄 및 군무원 격리 조치,

나) 한국과 일본 2단계 여행 경보발령 이어 최고등급 경고 발령

다) 광범위한 지역사회 전파 우려

미국 연방준비위원회

3) 2020. 3

가) 연방준비제도 연방 금리 0.50% 인하

나) 가장 많은 사망자와 확진자 발생한 워싱턴 주 주민들 두려움과 분노 폭발 - 환자 검사역량 및 수용력 부족 문제 노출-

다) 플로리다주와 캘리포니아주 등 총 9개 주 비상사태 선언

라) 미국 뉴욕주 확진자 173명으로 확인되자 주 방위군 투입

마) 트럼프 대통령 국가 비상사태 발표 및 유럽국가 출발 미국 여행금지

바) 경기부양 위해 양적완화 시행 - 제로금리 시행

사) 3월 31일 미국 내 감염자 18만 명 돌파, 사망자 3,800명 초과

이상의 초기상황을 보면 새 문화 요소에 의한 동요와 혼란 상태를 보였다. 사회 전반적으로 모든 기능이 일시적으로 중단되거나 동요로 인한 혼란으로 이어진 것이다. 코로나19에 의한 문화충돌은 모든 문화접변의 경우와 마찬가지로 부분 또는 전체의 동요와 해체로 이어졌다.

다. 새 문화 요소의 수용

COVID-19를 WHO가 의해 팬데믹으로 규정한 이후 국제사회는 물론 개인의 삶까지 사회적 대응을 하게 되고 대표적인 것으로, 국경 폐쇄와 비대면 방식으로의 전환 등이었다. 감염확산을 방지하기 위한 국제사회의 공조 및 백신 개발 및 접종 그리고 개인 삶의 사회적 제약까지 모두가 새 문화 요소를 향한 대응 및 선택 수용의 결과라고 할 수 있다. 수용 자세는 강제 접변이었기에 거절과 묵살 그리고 저항 형태로 나타났다.

가) 미국 건국 역사상 최초로 50개 주 재난지역 선포

나) 3M에 국방물자생산법 적용하여 마스크 생산, 해외수출 금지

다) 미국 생산 진단키트 공급 부족, 한국 200만 장 미국 긴급 지원

라) 트럼프 대통령 마스크 착용 거부

마) 미시건주 시위대 사회적 거리두기 반항

바) 플로리다주 해변가 재개방으로 외출자제령 완화조치

외출자제령에 대한 반발시위

코로나19라는 강제적 문화접변에 대해 미국 정부는 방지 및 확산을 위한 여러 조치하였다. 우선 확산 방지를 위한 사회적 거리두기 등 제반 제도와 국가 시스템의 정비로 대응하였다. 진단키트에 의한 진단, 백신 개발 및 접종, 그리고 격리 등에 대한 수용 자세에 대한 차이로 거절하거나 묵살 또는 저항도 있었다. 이러한 모든 현상은 새로운 문화 요소에 대해 수용하는 과정에서 문화적 차이에 의한 결과라고 할 수 있다.

라. 새 문화요소에 대한 재해석(대응)

강제 문화접변에 의한 선택적 수용은 문화 수용자에게 또 다른 대응을 하게 하는데 그것이 곧 재해석 과정이다. COVID-19 팬데믹에 의한 문화충돌을 수용자에게 유리하고 적합한 결과로 연결해 가는 과정이라고 할 수 있다. 비대면 방식이 확대되며 새로운 산업으로 재탄생하게 된 것이다. 이른바 비대면 문화라고 하는 것이 해당한다. 구글, 아마존, 네이버, 카카오 등 플랫폼 기업들이 급부상하였고, SNS 이용증가, 정부나 기업조직에서도 재택근무 형태로 변화를 도입하여 문화적 변화가 이루어지는 과정이다. 이 과정에서 국제사회를 비롯한 개인의 삶은 점차로 안정을 찾아가게 된다. 즉, 백신 접종으로 면역력이 생기고 비대면 문화로 인해 바이러스 확산이 감퇴하는 과정으로 변화하였기 때문이다.

가) 델타항공(6.25) 중국 노선 재개

나) WHO 팬데믹 해제 선언

다) 인플레이션에 대한 경제 정책

라) 미 고용지표 상승으로 코로나 경기 회복

코로나19 극복하는 과정에서 새로운 문화해석이 가능한 단계다. 바이러스 감염에 대한 공포심도 줄어들고 점차 일상을 회복해가는 모습들에서 문화적 재해석이 가능한 것이다.

마. 평온 상태로의 복귀

마지막 단계는 재창조 과정이다. COVID-19에 의해 도입된 비대면 문화가 새로운 형태로 보편화되는 현상을 문화의 재창조 과정으로 볼 수 있는 것이다. 그리고 여전히 불안 요소는 잠재하고 있지만 새로운 안정을 찾아가며 평상상태로 돌아가고 있다. 이것이 초기 평온상태로의 전환을 의미하는 것이다.

2. 국제사회의 COVID-19에 의한 문화충돌과 수용

COVID-19가 발생하고 팬데믹 선언이 이루어진 후 국제사회는 다양한 형태로 대응을 하게 되었다. 그중 가장 두드러진 것으로 국제연합이 공동체로부터의 이탈한 것이었다. COVID-19라는 문화 요소가 국제사회의 협력의 와해 및 갈등을 드러냈다. 즉, 국가 간 공조가 깨진 것이다.

우선 COVID-19의 팬데믹 정의를 두고서 WHO를 둘러싼 미국과 중국의 대립에서 시작을 비롯하여 국가마다 COVID-19라는 문화접변에 대한 대응이 달랐다. 즉, 각 나라의 문화 차이에 의해 새로운 문화 요소에 대한 수용 자세가 다르다는 것이다. COVID-19 바이러스의 대공습으로 국제주의와 탈 국가주의의 이상이 사라져버린 것이다. 코로나바이러스가 국제사회에 윤리적 과제를 던진 것으로 평가할 정도였다. 사례로서 서구 유럽 국가들의 지역 국가 공동체인

영국 보리스 존슨 총리

EU(유럽공동체)는 COVID-19의 문화접변으로 국가공동체가 각각 개별적 국민국가(Nation state)로 귀환하는 결과를 보였다.

영국의 보리스 존슨 총리는 대국민 기자회견에서 "불필요한 이동과 접촉을 삼가야 한다"라고 하며 사실상 국경 폐쇄를 결정한 것이다. 그 이전은 북아일랜드와 아일랜드는 하나의 통합체로서 단일 국가를 주장하였는데 COVID-19에 의해 국경 통제로 인해 그것이 설득력을 잃어버린 것이다.

독일 앙겔라 메르켈 총리

독일 앙겔라 메르켈 총리는 "바이러스에는 국경이 없어도 바이러스 대응에는 국경이 있다"고 하고 대국민 연설에서 공동체인 유럽연합(EU)을 한 번도 언급하지 않았다. 즉, EU 주도국가인 독일마저 COVID-19 바이러스 앞에서는 오로지 독일만 챙긴 것이다.

프랑스 마크롱 대통령

프랑스 마크롱 대통령은 대국민 담화에서 COVID-19 상황에서 파티를 즐기는 국민 특히 청년들을 질타했다. 정의를 위해서는 왕의 목을 자른 나라이고 부르봉 왕가와 나폴레옹, 드골의 위상으로 오늘날까지 권위주의적 중앙집권 전통이 존재하는 프랑스조차도 COVID-19 바이러스는 무색하게 만들었다.

이탈리아는 국가가 아닌 도시, 마을 단위로 귀속감이 높은 나라다. 그런 이탈리아도 COVID-19 바이러스에 의한 문화충돌은 피할 수가 없었다. 2020년 3. 11일 현재 이탈리아 코로나19 감염자 수는 1만 명을 넘었다. 오스트리아와 슬로베니아는 이탈리아 국경을 폐쇄조치 하였다. 어느 한 지역 시장조차도 인근 시와의 벽을 형성하는 정도였다.

북아메리카의 미국도 각주마다 사정은 다르나 예외는 아니었다. 로드아일랜드 주지사는 주 방위군으로 인근 뉴욕주로부터 들어오는 차량을 격리 조치하였다. 캐나다 총리는 해외 입국 차단조치를 하였고 오세아니아의 뉴질랜드는 총리 지휘로 국경 폐쇄하여 사망자 숫자를 한 자릿수로 통제할 수 있었다. 아시아의 대만 역시 국경 폐쇄로 대응하였다.

이상에서 보듯이 국제사회 연합공동체는 COVID-19의 문화충돌에 대응하는 첫 수용 자세는 절대 악도 필요악도 아닌 생존을 위한 필수조건으로 국민국가로의 귀환을 선택한 것이었다.

3. COVID-19에 의한 문화적 혼돈(부분적 해체와 동요)

문화변동으로 인한 과정에서 평온 상태에서 새로운 문화 요소의 유입으로 기존의 평온 상태와의 충돌로 변화가 일어난다. 기존의 상태에서 2차 단계로 부분적 해체와 동요가 일어나 혼돈의 상태로 변화가 발생한다.

앞서 살펴본 국제사회의 공조 이탈은 다름 아닌 기존 국제사회 질서의 부분적 해체에 해당한다. 그로 인해 국제사회의 동요와 혼돈으로 국제사회의 기존 질서는 파괴되는 것처럼 보인다.

먼저 사회패러다임의 변화를 초래한다. 기존 질서로부터 사회적 격리가 대안으로 제시되며 각 국가와 개인은 기능과 역할에서 부분적 해체와 동요가 발생하는 것이다. 즉, 비대면 사회로의 변화, 국제 이동의 제한과 국제 경제의 침체 등 거시적 관점에서 국제사회의 동요는 불가피하게 되었다. 일반 기업과 같은 조직 공동체에서도 COVID-19에 의한 기능의 부분적 해체와 충돌은 불가피하였고 나아가서 개인의 삶에서도 동요와 혼돈에 의한 문화변화는 피할 수가 없었다.

미국의 경우 COVID-19 팬데믹에 대한 정부의 안이한 초기 대응으로 2020년 5월 총확진자 수는 한국의 142배로 157만 명 수준에 달하였고 뉴욕시 인구의 2.3%가 확진되었고 그중에서 911테러의 7배에 해당하는 0.24%가 사망하는 혼돈의 상태를 맞이하였다. 이러한 결과의 이면에는 미국 정부의 팬데믹에 대한 불신 등 사회적 관습문화가 끼친 영향이 크다.

일반적으로 사회 전통적인 사회관습이나 규율은 새로운 문화 요소에 의한 문화접변이 발생하면 새로운 문화 요소에 대한 수용 여부와 자세를 결정하는 역할 즉 필터링 기능을 가진다. 예를 들면 마스크 착용에 대한 문화적 인식의 차이, 개인주의와 자유 지상주의에 의한 사회격리조치에 대한 불응, 빈부격차와 인종 갈등 등 미국 사회가 안고 있었던 기존의 문화적 배경과 무관하지 않다. 미국의 코로나 대응에서 초기 희생자가 많은 배경은 첫째로 트럼프 행정부의 안이한 판단[23]에서 비롯된 것이지만 이것 역시 미국 사회의 문화를 반영한 결과다. 구체적인 사례로 마스크 착용[24]에 대한 인식의 차이로 수용하지 못하는 것, 사회적 격리 요구에 대한 자유지상주의에 의한 강한 개인주의의 문화적 배경[25]이 이유라고 할 수 있다.

4. COVID-19에 대한 대응 -재해석-

COVID-19 바이러스에 대한 대응은 국제사회의 공조를 다시 한번 세우는 계기로 만들었다. 미국 행정부는 뒤늦게 백신 개발이 성공하여 국제시장에 공급하여 바이러스 팬데믹에 대응하였다.

문화변동에서 초기 문화충돌에 의한 동요와 혼돈, 그리고 새 문화 요소에 대한 대응으로 나타나는 재해석과 번역 과정, 그리고 그 결과로 새로운 문화의 창조로 이어지는 문화변동 메커니즘을 다시 한번 참고하여 보자.

COVID-19라는 새로운 문화충돌과 그 문화 요소에 대응하는 국

---

23) 트럼프 정부는 COVID-19를 사스나 메르스 수준으로 인식하고, 민주당의 주장을 정치적 선동으로 대통령 선거 방해용으로 인식한 것 등

24) 마스크 착용은 갱단, 범죄자, 환자 등이 착용한다는 인식으로 마스크 착용을 거부

25) 미국 가수 마돈나는 COVID-19 양성반응이 있으면서 사적인 생일파티에 참석. 반면 COVID-19 대응을 위해 12억 달러를 연구기금으로 기부하였다. 유사한 사례로 정부의 공공적 행정조치 -외출 자제령과 사회적 거리두기-에 대해서 억압이라고 인식하고 데모 전개하며 저항함.

제사회는 국가 간 사람의 이동 제한으로, 조직체는 사회적 거리두기로 격리 조치를 수용하고, 개인적으로는 마스크 착용과 백신 접종으로 대응하였다. 이러한 대응에도 불구하고 COVID-19 팬데믹에 의한 문화현상은 새로운 문화를 창조하는 기능으로 발전하였다.

조금 더 구체적으로 살펴보면 먼저 국제사회는 국가마다 출입국 제한 조치를 시행하였다. 출입국 제한에는 특정 국가 출발한 사람 입국 금지, COVID-19 감염 의심자의 일정 기간 격리, COVID-19에 감염된 사람에게 건강검진 실시와 같은 검역 조치를 하였다. 중요한 것은 이와 같은 조치로 국제사회의 사람의 이동이 제한받게 되고 그만큼 문화교류는 줄어들었기에 국제사회의 문화발전은 제한적일 수밖에 없다는 것이다.

기업 등 조직체는 감염 방지를 위해 사회적 거리두기를 수용하여 재택근무 또는 교대근무, 온라인 회의, 비대면 회의 등으로 업무수행을 하였고 비즈니스를 위해서 온라인쇼핑, 배달서비스 등으로 고객과 접촉을 피하는 조치를 하였다. 물론 조직체의 이러한 대응에는 추구하는 조직체 활동의 성과나 실적이 축소되고 위축되는 결과로 이어졌다. 이것은 이른바 세계적 경제 불황으로 연결되어 경제적 문화의 축소로 이어졌다.

개인의 일상적 삶에서도 COVID-19에 대응하는 것은 사회적 격리와 개인적 위생을 스스로 관리하는 것으로 수동적인 삶으로 이어갈 수밖에 없었다. 이른바 문화의 생성 주체인 개인의 삶의 위축과 축소는 문화발전에 장애요인으로 작용하였다.

5. 새로운 문화 창조

문화변동 과정의 마지막 단계로서 재해석과 번역 과정을 거치면서 새로운 형태의 문화 창조가 이루어지는 과정이 있다. 참고로 평온-새 문화 요소 유입-혼돈과 동요(부분 또는 전체 해체)-수용(거절, 묵살)-재해석과 번역-정착과 새 문화 요소 창조와 같은 과정을 거치면서 문하는 변화해 간다.

이제까지 서술한 COVID-19라는 새로운 문화 요소가 문화충돌을 일으키며 개인, 지역 커뮤니티 그리고 국제사회 등 각각 문화 단위마다 문화적 변화를 만들어 냈다. 이러한 과정이 문화변동 과정이라고 단정하고 그 마지막 단계를 살펴보고자 한다.

COVID-19 바이러스에 의한 팬데믹은 분명히 개인의 삶과 지역 조직, 그리고 국가와 국제사회에까지 끼친 영향으로 많은 변화가 있었다는 것은 부정할 수가 없다.

먼저 개인의 삶에서 자유로운 영역까지 제한받게 되어 형성된 삶의 패턴은 각 개인의 정체성까지 변화시키는 결과로 이어졌다. 한국인의 경우 먼저 마스크 착용, 거리두기 생활화로 비대면 문화에 흡수되는 과정을 거치게 된다. 기업과 같은 조직 공동체의 경우 자유로운 활동의 제한을 받게 되었고 그 결과 경제활동의 위축으로 경영성과가 나빠지는 수밖에 없었다. 예를 들면 국제 이동의 제한으로 국가는 물론 국제 경제가 위기 상황을 맞이하게 되고 그로 인한 개인 경제 영역까지 영향을 받게 되었다. 또한 재택근무 등 평소 업무 형태도 변화를 초래하여 각각 조직 공동체의 문화도 변화를 겪었다. 그리고 국가별 출입국 통제로 인해 국제 이동이 줄어들고 그로 인한 제반 활동의 위축은 국제사회의 위상까지 위협받는 결과로 이어졌다. 이러한 것들은 모두가 COVID-19 팬데믹 현상에 의한 문화변동의 결과라고 할 수 있다.

끝으로 COVID-19 팬데믹이라는 문화변동은 개인의 삶부터 조직체 그리고 국가 나아가 국제사회의 문화까지 변화시키는 이른바 새로운 문화 창조, 단적인 예로 비대면 문화의 정착과 같은 결과로 이어졌다고 할 수 있다. 다시 평온한 상태로 회복되었지만, COVID-19 팬데믹이 끼친 영향은 모든 삶의 영역에서 새로운 문화 형태로 재탄생된 것이다.

X
디아스포라와 문화변용

인류의 국제 이동은 인간이 문화 생성의 주체라는 관점에서 이동과 동시에 문화접변을 일으키는 원인과정이라고 볼 수 있다. 스테판 캐슬과 마크 밀러(2009)[26]는 세계인구의 1.7%가 국제적 이동을 한다는 연구 결과를 내놓았다. 2009년 당시 세계인구는 통계에 의하면 80억 4천만 명으로 추계하고 있다. 어림잡아 1억 4천만 명 정도가 매년 국제적으로 이동한다는 의미이다. 또 2020년 기점으로 세계인구 중에서 약 2억 7천만 정도가 이동한다는 통계가 있다. 즉 국제 이동을 하는 것은 문화 주체가 국경을 넘어 이동하는 것이므로 국제 문화접변을 일으키게 되는 것이다.

문화접변을 일으키는 주체를 분류하면 대략 사람, 물건, 자본, 정보의 4가지로 요약할 수 있다. 이 중에서 가장 중핵적인 문화접변의 주체는 당연히 사람의 이동이다. 사람의 이동에 의한 문화접변의 경우는 수없이 많다. 우선 크게 나누면 국가의 경계를 넘는 이민과 조금 더 포괄적인 의미에서의 이주의 경우가 있다.

국제 역사에서 대량이민의 사례로서 1956년 인도와 파키스탄의 분리 독립에 따른 인구이동이 대표적인 경우다. 분리 독립에 앞서

---

26) The Age of Migration: International Population Movements in the Modern World(Castles,Stephenand Mark Miller,PalgraveMacmillan,2009)

1950년 인도는 영국으로부터 독립을 하게 되지만 종교적 관점에서 이슬람교도들은 자신들만의 독립을 주장하게 된다. 애초는 하나의 통합 국가였지만 720만 명의 이슬람교도와 힌두교도 그리고 시크교도 사이의 종교적 갈등으로 인해 인도와 파키스탄으로 분리 독립이 결정으로 일어난 대량이민의 경우다. 인도와 파키스탄의 분리 독립으로 양국은 서로 전혀 상이한 문화단위의 국가로 변화하게 된다.

1. 국제 노동이민에 의한 문화접변

국제 노동 이민은 국경을 넘어 일자리를 찾아 이동하는 경우다. 국제 노동 이민은 세계 경제의 중요한 부분이며, 노동력의 이동은 생산성 향상, 경제 성장, 기술 발전과 연계되어 있다. 국제 노동 이민의 가장 일반적인 요인은 경제적 요인이다. 저개발 국가에서 고소득 국가로의 노동 이주는 노동자들이 더 나은 삶의 질을 추구하기 위해 이루어진다.

노동 이민 수용국은 부족한 노동력을 확보할 수 있고 이민 노동자는 자국에서보다 더 나은 삶의 질을 누릴 수 있는 긍정적인 측면도 있다. 반면, 국제 노동 이민은 저임금 고용, 차별대우, 인권 침해를 당하는 등의 부정적인 측면도 있다. 이와 같이 국제 노동 이민은 노동력 부족 해결로 경제 성장 촉진에 도움이 되기도 하는데 또한 외국인 노동자와 현지인 간의 갈등이 증가로 인한 사회적 갈등이 야기될 수도 있다.

국제 노동 이민에 의한 문화적 영향은 다양하게 나타난다. 언어와 음식, 종교, 예술, 음악 등 여러 분야에 걸쳐서 전파가 일어나 새로운 문화에 대한 이해 및 경험 증가로 새로운 인식과 관점이 생길 수 있다.

한국은 1990년대부터 본격적으로 외국인 노동자를 받아들이기 시작했고 현재 한국에서 일하는 외국인 노동자는 약 300만 명에 달한다.[27]

먼저 외국인 노동자 이민은 한국 문화에 다양한 변화를 가져왔다. 예를 들어, 외국인 노동자들은 자국의 언어, 종교, 음식, 음악, 춤 등과 같은 문화요소를 한국문화와 접촉하게 하여 더욱 다양하고 개방적인 문화 변화를 이루는 요인으로 작용하였다.

사회적으로는 외국인 노동자들이 한국의 저임금 노동시장을 충족시키는 변화와 더불어 한 한국의 소비시장을 확대시킨 변화로 나타났다. 또 외국인 노동자 이민은 한국의 인구 구조를 변화시켜 한국의 사회복지 정책, 다문화 교육 활성화시키는 등 더욱 포용적인 사회로 변화하게 했다.

외국인 노동 이민으로 인한 문화접변의 사례를 경남 김해시를 통해서 살펴보기로 하자.

2023. 5월 현재 김해시의 외국인은 19,000명 정도가 거주하고 있어 전체 인구의 약 10%를 차지하고 있고 주로 인근의 공단에서 노

27) 2023년 3월 기준, 한국의 외국인 노동자 수는 1,021,135명이다. 국가별 비중은 베트남(366,834명), 중국(205,289명), 미얀마(123,546명), 우즈베키스탄(103,286명)이다. 외국인 노동자들은 주로 제조업(29.4%), 건설업(25.1%), 농림어업(13.2%) 등으로 분포되고 있다.

동자로 활동하고 있다. 이 중 가장 많은 비율을 차지하는 외국인은 베트남인으로 약 1만 명으로 그 외에도 중국인, 우즈베키스탄인, 캄보디아인 등이 많이 거주하고 있어 다문화사회 형성으로 이어졌다.

다양한 국적의 상품

김해시의 외국인 유입은 김해시의 이문화(異文化)와의 접촉으로 많은 변화가 일어났다. 가장 눈에 두드러진 것은 김해시 동상동과 서상동 일대에 위치한 이른바 외국인 거리다. 그곳에는 베트남 음식점, 중국 음식점, 우즈베키스탄 음식점 등 다양한 외국 음식점과 외국인들이 즐겨 찾는 한국 음식점들이 늘어나면서 김해시의 음식문화가 한층 다양해진 결과로 나타나 있다. 이와 같은 변화는 김해시의 경제에도 많은 영향을 끼쳐 변화가 있었다. 외국인들에 의한 소비증가는 지역 경제에 영향을 주고, 외국인들에 의한 일자리 창출은 지역의 인구증가 및 지역 경제에 영향을 주고 있다. 김해 전통시장 상인들은 이제 외국인 고객이 없으면 먹고 살기가 힘들게 됐다고 말할 정도라고 한다.

외국인 거리의 카페 '통'에는 결혼 이주 여성들이 바리스타로 일하고 있어 한국인과 결혼한 외국인에 의한 문화 재창조를 알 수 있다. 이주 노동자들에 의해서 여러 나라의 문화가 융합되며 고유의 전통 시장에도 새로운 모습이 형성되고 있는 변화를 상징하고 있다.

김해시 외국인거리 모습

외국인의 유입으로 인해 김해시의 언어문화에도 변화를 가져왔다. 베트남어, 중국어, 우즈베키스탄어 등 다양한 외국어 사용자의 증가로 소통을 위해 서로 다른 언어들이 공존하며 사용되는 기회가 많아졌다. 즉, 서로 외국어와 한국어를 배우며 언어에 의한 문화접변이 이루어지고 있는 것이다. 아울러 외국인 학생들을 위한 교육의 필요성으로 학원 등이 증가한 변화가 있었다. 그리고 외국인의 종교생활을 위해 다양한 종교의 사원과 교회가 생겨났고 외국인 예술가들에 의한 다양한 문화 활동도 김해시의 변화를 가져왔다.

2. 정치적 이동에 의한 문화접변

국제 정치적 이민은 정치적 이유로 자신의 고국을 떠나 다른 나라로 이주하는 것을 말한다. 정치적 이민의 원인은 다양하지만, 가장 일반적인 원인은 전쟁, 내란, 인권 탄압, 종교적 박해 등입니다. 정치적 이민자들은 새로운 나라에서 새로운 삶을 시작해야 하며, 언어, 문화, 법률 등 많은 환경 변화에 직면하게 된다. 정치적 이민자들은 새로운 나라에서 취업, 교육, 의료 등 많은 어려움을 겪게 되며, 이로 인해 사회적 갈등과 범죄가 증가할 수 있다. 또한, 정치적 이민자들은 새로운 나라의 문화와 언어를 배우는 데 어려움을 겪을 수 있으며, 이로 인해 사회적 소외를 경험할 수 있다. 결국 국제 정치적 이민자는 언어, 문화, 종교 등이 다르기 때문에 수용국의 문화에도 많은 영향을 미친다.

가. 전쟁에 의한 이동

국제 정치적 이민의 사례는 다양하다. 특히 전쟁으로 인한 국제 이민은 전 세계적으로 흔히 발생하는 현상이다. 전쟁은 사람들의 삶을 파괴하고, 안전과 생존을 위협하기 때문에 사람들은 전쟁 지역을 떠나 안전한 곳으로 이주하려고 한다.

전쟁 난민들은 전쟁을 피해 이동을 하지만 그들의 문화적 정체성을 상실하거나 포기하지는 않는다. 이것이 근대 국민국가가 만들어

낸 국가의 문화적 정체성이다. 각 국가는 그 자체가 문화단위로 인정되는 만큼 전쟁을 피하여 이동을 함과 동시에 문화적 정체성도 함께 이동하는 것이라고 할 수 있다. 전쟁난민은 먼저 그 나라의 언어와 문화를 배우고, 사회에 적응하기 위한 노력함과 동시에 그 나라에 자기만의 문화를 전파하는 역할까지 하게 된다. 자연스럽게 그 사회에 긍정적인 영향도 미치게 되지만 부정적인 영향도 끼치게 되어 정치, 경제 문화 등 모든 분야에서 다양성이 확대될 수밖에 없다.

중동의 시리아 내전을 전쟁으로 인한 인구이동의 사례로 보기로 하자. 시리아 내전은 2011년 3월 15일 시리아의 다마스쿠스에서 시작된 내전은 시리아 정부와 시리아 반군 사이에 벌어지고 있으며, 현재까지도 계속되고 있다. 시리아 내전은 중동에서 가장 큰 인도주의적 위기를 초래했으며, 수백만 명의 시리아인 난민을 촉발시켰다. 시리아 내전의 원인은 정치, 경제, 종교적 요인이 복합적으로 작용한 것으로 분석된다. 정치적으로는 시리아 정부의 독재와 인권 탄압에 대한 반발, 경제적으로는 2008년 세계 금융 위기로 타격을 입으면서, 실업률이 높아지고 경제 상황의 악화, 종교적으로는 수니파 중심 시리아 내부에서 시아파와 쿠르드족의 세력 강화로 인한 종교 갈등이 내전을 촉발시킨 것이다.

시리아 내전은 중동의 안정을 위협하고 있으며, 국제 사회의 관심 속에 약 1300백만 명의 시리아인들이 시리아를 떠나 다른 나라로 이주했다.[28] 그 중 유럽으로 이주한 시리아 난민은 약 600만 명에 달한다.

---

28) 터키, 레바논, 요르단, 이집트 등 주변국가로 일부는 유럽으로 이주했다.

앞에서 언급한 대로 시리아 난민의 유럽 이동은 수용국가에 이중적인 문화적 기능과 역할을 하게 된다. 시리아 난민들은 새로운 사회에 정착하면서 그들의 문화를 유지하며 적응하므로 그로 인해 새로운 사회의 문화에도 변화가 일어나게 된다. 그 변화는 양면성을 띄게 된다.

예를 들어, 부정적 측면으로 시리아 난민의 유입은 유럽의 일자리 경쟁이 심화시켜서, 유럽 사회에 갈등이 발생하기도 한다. 또한, 시리아 난민들이 유럽의 문화와 사회에 적응하지 못하는 경우, 사회적으로 시리아 난민의 유입은 유럽의 사회 문제로 발전될 가능성이 있다.

문화전파(전쟁에 의한 이동)에 의해 문화접변이 일어나고 그리고 문화발전이라는 긍정적 측면도 고려 할 수 있다. 예를 들어, 시리아 난민들의 문화는 기존 사회에 새로운 문화경험을 제공하고, 문화적 다양성을 증가시키는 데 기여하게 될 것이다.

구체적 내용으로서 시리아 내전의 국제 이민에 의한 문화 변화의 몇 가지 예를 다음과 같이 나열해 보기로 한다.

먼저, 시리아 난민들은 유럽에 정착하면서 시리아의 음식, 음악, 예술 등을 전파함과 동시에 유럽의 문화를 배우고, 새로운 문화와 접촉함으로써 새로운 문화를 형성하고 있다.

독일에는 시리아 풍의 레스토랑이, 시리아 음악 공연이 많이 열리는 한편, 독일의 시리아 난민들은 독일어와 독일의 문화를 배우고 또한, 시리아 난민들은 독일의 문화와 시리아의 문화를 접목하여 새로운 문화를 형성하기도 한다.

결국 시리아 내전은 시리아의 문화를 전파하고, 새로운 문화를 형성하는 계기가 되고 있다. 이민자들은 시리아의 문화를 전파하고, 새로운 문화와 접촉함으로써 새로운 문화를 형성하고 있다. 이로 인해 시리아 난민은 문화접변의 주체가 되고 새로운 문화 창조의 주역이 된 것이다.

2022년 러시아-우크라이나 전쟁으로 인해 약 800만 명의 우크라이나 난민이 발생했다. 이들은 우크라이나를 떠나 주변 국가인 폴란드, 루마니아, 헝가리, 몰도바로 피난했다. 이로 인해 폴란드의 인구는 약 1% 증가했는데 이는 폴란드의 역사상 가장 큰 인구 증가라고 한다. 우크라이나 전쟁 이민은 우크라이나인들의 문화적 요소(언어, 문화요소 등)의 유입으로 폴란드의 문화 다양성에 큰 영향을 미쳤다.

폴란드로 피난하는 우크라이나인

우선, 우크라이나 피난민들은 폴란드의 인구 구조에 큰 변화를 가져오고 있다. 피난민 대부분이 젊은 여성과 어린이이기 때문에 폴란드의 인구 고령화 문제를 완화할 것이고 나아가서 폴란드의 노동 인구를 증가시켜 경제에 기여하고 있다. 앞서 시리아 난민의 경우와 마찬가지로 우크라이나 피난민들은 문화 주체로서 자신들의 고유한 문화와 전통을 폴란드에 가져와 폴란드의 문화 다양성을 증가시킨다고 할 수 있다.

나. 종교적 이유에 의한 이동

정치적 사유로 국제 이동을 하는 경우 종교의 차이나 대립이 배경이 되는 사례가 있다.

2017년, 미얀마에서 무슬림인 로힝야족에 대한 박해가 발생하여 방글라데시로 이주했다.

국제 종교적 이민은 국가의 종교 정책에 큰 영향을 미칠 수 있다. 예를 들어, 유럽의 많은 국가는 무슬림 이민의 증가로 인해 종교적 갈등을 경험하고 있고 노동력은 증가하는 반면에 테러의 위협에 직면해 있다. 또한, 미국도 다양한 종교를 배경으로 하는 이민의 증가로 인해 종교적 다양성이 증가하고 있다.

미얀마에서 온 난민들은 주로 불교 신자이기 때문에 방글라데시의 이슬람 문화에 큰 변화를 가져왔다. 미얀마 난민들은 방글라데시에서 자신들의 신앙적 가치인 자신의 종교를 포기하지 않았고, 이민으로 인해 방글라데시에 자신들의 종교적 문화요소를 전파하는 역할을 하게 된 것이다. 그로 인해 방글라데시의 이슬람 문화는 더욱 다양하게 정착되는 변화를 가져왔다. 또한, 모든 난민들이 이동으로 인해 생기는 경제적 효과는 노동력 부족을 메우는 역할을 하는 측면과 경우에 따라서는 노동시장에 갈등요인이 되기도 한다. 미얀마 난민들도 방글라데시의 경제에도 영향을 미치게 되지만 그 내용은 양면성을 가지고 있다고 할 수 있다. 또한, 미얀마 난민들은 자신들의 문화 요소와 방글라데시의 문화 요소와의 접변으로 새로운 문화변화를 유도하는 역할도 하게 된 것이다.

가장 눈에 띄는 변화 중 하나는 언어 요소에 의한 변화를 들 수 있다. 미얀마어의 사용 증가로 방글라데시에서 사용되는 언어수의 증가, 언어의 혼용 등 사회변화를 예상할 수 있다.

다. 자연재해

자연재해는 인류의 역사에서 가장 오래된 이민의 원인 중 하나다. 지진, 화산 폭발, 홍수, 태풍, 가뭄 등의 자연현상으로 인해 발생하는 재해는 늘 지구 어느 편에서 발생하고 또 난민을 발생시키고 있다.

유엔난민기구(UNHCR)에 따르면, 2018년 기준으로 전 세계적으로 약 7000만 명이 자연재해로 인해 이주를 했다. 예를 들어, 2010년 아이티 지진으로 인해 약 100만 명이 사망하고 약 200만 명이 집을 잃었다. 이로 인해 아이티에서 약 100만 명이 다른 나라로 이주했다. 또 2017년 미국 국립과학원, 공학원, 의학원(NASEM)의 연구에 따르면, 2010년에서 2016년 사이에 자연재해로 인한 국제 이민은 연간

평균 2,500만 명에 달했다. 이 중 가장 많은 이민을 발생시킨 자연재해는 허리케인, 지진, 홍수였다.

다음은 자연재해로 인한 국제 이민의 사례다.

- **2010년 아이티 지진**: 아이티 지진으로 약 20만 명이 사망하고, 100만 명이 부상했다. 지진으로 인해 약 100만 명이 집을 잃고, 이주를 했다.
- **2011년 일본 동일본 대지진**: 일본 동일본 대지진으로 약 1만 5000명이 사망하고, 2500명이 실종되었다. 지진으로 인해 약 30만 명이 집을 잃고, 이주를 했다.
- **2015년 네팔 지진**: 네팔 지진으로 약 9000명이 사망하고, 2만 명이 부상했다. 지진으로 인해 약 20만 명이 집을 잃고, 이주를 했다.
-. **2017년 허리케인 마리아**: 허리케인 마리아로 약 3000명이 사망하고, 10만 명이 부상했다. 허리케인으로 인해 약 200만 명이 집을 잃고, 이주를 했다.

이러한 사례들은 자연재해가 국제 이민의 주요 원인이 될 수 있음을 보여준다.

허리케인 마리아는 2017년 9월 20일에 푸에르토리코를 강타한 허리케인이다. 이 허리케인으로 인해 푸에르토리코의 인프라는 심각하게 파괴되었고, 많은 사람들이 집을 잃고 미국으로 이주했다. 이로 인해 미국의 문화는 다양한 문화가 혼합된 형태로 변화가 일어났다.

모든 국제이동에 의한 이민에서 공통적으로 볼 수 있는 것은 그 원인이 무엇이든 관계없이 새로운 문화와의 접촉을 하게 된다는 것이다. 서로 다른 이문화가 서로 접촉을 하게 되면 서로 문화적 융합을 일으키며 영향을 주고받는 과정은 일반적이 상황이라고 할 수 있다. 앞에서 살펴본 바와 같이 정치, 경제, 종교, 자연재해 등이 원인으로 국제적 이동을 하게 되는 일이 국제적으로 다수 발생하고 있다. 그 이동에 의해서 이동을 하는 난민도 수용하는 국민도 서로 다른 문화적 정체성을 가진 문화적 개체다. 서로 다른 문화적 주체가 접촉을 하게 되면 그로 인해 문화접변은 당양하게 전개된다. 그 결과는 양면성을 가진다는 것도 앞에서 언급한 그대로다. 즉, 문화접변에 의한 문화변동은 전달자와 수용자 양자에게 문화변화를 유도하게 되고 그 결과는 또 다른 문화 창조로 이어진다는 것이다.

3. 디아스포라(Diaspora)

디아스포라는 특정 민족이 자의적이나 타의로 기존에 살던 곳을 떠나 다른 지역으로 이동하여 집단을 형성하는 것, 또는 그러한 집단을 일컫는 말이다. '흩뿌리거나 퍼트리는 것'을 뜻하는 그리스어 단어에서 유래되었다. 이른바 민족의 이산(離散) 또는 분산(分散)이라는 의미이며 동일 민족 성원들이 세계 여러 지역으로 흩어지는 과정과 장소와 공동체를 뜻하는 말이다.

디아스포라와 민들레

디아스포라는 오른쪽 그림과 같이 마치 민들레꽃과 같은 성향을 가지고 있다. 민들레는 꽃을 피우고 그 씨앗이 바람에 흩날려서 멀리까지 날아가서 다시 뿌리를 내리고 자라서 꽃을 피우는 것과 비슷한 과정을 보인다. 디아스포라도 민족이 흩어져서 특정 지역에 다시 결합하여 단위 조직을 만들고 특유의 문화체계를 형성해가는 과정을 거치는 것과 유사하다.

가. 19C 산업혁명기의 디아스포라

19C 초 산업혁명 과정(1800~1925년)에서 약 5천 명가량의 유럽인들이 아메리카와 오세아니아주로 대거 이동하게 된다. 개척의 새 시대를 열기 위한 이주였다고 할 수 있는 대량이주였을 것이다. 그 이후 제1차, 2차 세계대전 기간에는 유럽인들의 국제이주가 중단되었다가 2차 대전이 끝난 이후에는 전후 난민, 실향민들이 미국과 캐나다로 대거 이주하게 된다.

나. 유대인의 디아스포라

가장 대표적인 디아스포라의 사례는 2천여 년 넘게 방랑 생활을 한 유대인들이 1948년 이스라엘을 건국한 경우라고 할 수 있다. 유대인 디아스포라는 기원전 70년 로마에 의해 예루살렘이 함락되고 유대인들은 박해, 전쟁, 기아로 인해 팔레스타인에서 추방되면서 시작되었다. 그 이후로 유대인들은 세계 여러 지역으로 흩어져 살았으며, 현재는 전 세계에 약 1,400만 명의 유대인이 살고 있고 현재는 약 600만 명이 이스라엘에 살고 있다.

유대인 디아스포라는 유대인 사회와 문화에 큰 영향을 미쳤다. 유대인들은 그들의 정체성을 유지하기 위해 종교, 언어, 전통을 유지하기 위해 노력해야 했다. 그 결과 유대인 디아스포라는 강력한 유대인 공동체와 문화를 탄생시켰다. 이스라엘은 1948년에 건국된 유대인의 국가다. 이스라엘의 건국은 디아스포라로 흩어져 살았던 유대인들에게 큰 의미를 주었다. 그들은 마침내 자신들의 국가를 갖게 된 것이다. 그러나 이스라엘의 건국은 팔레스타인 사람들의 실향과 분쟁으로 이어졌다. 이스라엘과 디아스포라 유대인 사이의 관계는 복잡한다. 이스라엘은 디아스포라 유대인들의 지원을 받지만, 디아스포라 유대인들이 이스라엘의 정책에 항상 동의하는 것은 아닙니다. 그럼에 도 불구하고 이스라엘과 디아스포라 유대인들은 강한 유대감을 유지하고 있으며, 서로를 지원해 왔다.

다. 한민족의 디아스포라

1) 1860-1910 구한말 기근, 빈곤, 압정

구한말의 기근으로 인한 빈곤과 압정을 피하여 이주를 하는 사례로 볼 수 있다. 한국 여성들이 하와이로 이주한 사건다. 이 여성들은

'사진 신부'라고 불렸고, 그들은 남편이 될 하와이 이민 노동자들의 사진을 보고 결혼했다. 사진 신부들은 하와이에서 열악한 노동 조건과 차별에 직면했지만, 그들은 또한 새로운 삶의 기회와 가족을 부양할 수 있는 능력을 찾았다.

한국 여성들의 하와이 이주는 조선 후기의 사회적, 경제적 변화로 촉발되었다. 19세기 후반 조선은 봉건 사회에서 자본주의 사회로 전환되기 시작했고, 이로 인해 많은 사람이 가난과 실업으로 고통받았다. 또한 1894년부터 1905년까지 청일전쟁과 러일전쟁에서 일본이 승리하면서 조선은 일본의 식민지가 되었다. 이로 인해 많은 사람이 조선을 떠나 새로운 삶의 기회를 찾아 해외로 이주했다.

하와이는 한국 여성들에게 인기 있는 이민 목적지였다. 하와이는 사탕수수와 파인애플 농장에 노동력이 필요했고, 조선 여성들은 저임금 노동자로 고용되었다. 또한 하와이는 미국 영토였기 때문에 한국 여성들은 미국 시민이 되기 위해 귀화할 수 있었다.

한국 여성들의 하와이 이주는 1903년부터 시작되었다. 그 후 몇 년 동안 점점 더 많은 한국 여성들이 하와이로 이주했다. 1910년부터 1924년까지 약 1,000명의 한국 여성들이 하와이로 이주했다. 그들은 하와이 사탕수수와 파인애플 농장에서 장시간 일해야 했고, 낮은 임금을 받았다. 또한 그들은 차별을 받았고, 종종 한국인이라고 모욕을 당했다.

2) 1920-1945 일제강점기

1920년에서 1945년 사이의 한인 디아스포라는 20세기 전반기에 일본 제국의 식민 통치 아래 있던 조선의 한인들의 대량 이주를 말한다. 일본의 식민 통치는 한국인의 12%를 해외로 이주시킬 정도로 억압적이고 착취적이었다.[29] 이 기간에 수백만 명의 한인이 식민 통치와 경제적 빈곤을 피해 러시아, 중국, 일본, 미국을 포함한 세계 여러 지역으로 이주했다. 이것은 한국판 디아스포라라고 부를 수 있다.

한인 디아스포라의 형성은 1910년대 일본이 조선을 합병하면서 시작되었다. 일본은 조선을 식민지로 삼고 경제를 착취하기 시작했고, 이는 조선인들에게 큰 빈곤과 고통을 안겨주었다. 또한 일본은 조선의 문화와 언어를 말살하기 시작했고, 이는 조선인들의 정체성에 큰 위협이 되었다. 정치적 난민으로서 중국, 러시아, 미국 등으로 이주하는 사례가 많았다.

이러한 상황은 많은 조선인이 식민 통치와 경제적 빈곤이라는 두 가지 이유로 고향을 떠나는 디아스포라를 하게 했다. 그들은 러시아, 중국, 일본, 미국을 포함한 세계 여러 지역으로 이주했다. 이 기간에 미국으로 이주한 한인들은 특히 많았다. 1920년대와 1930년대에만 약 7만 명의 한인이 미국으로 이주했다. 1931년에는 일제가 만주사변을 일으키기 위해 조선인을 강제로 집단이주 시킨 사례가 있었고 중일전쟁(1937), 태평양전쟁(1941) 시기에는 광산이나 단순 노동을 목적으로 조선인을 강제 이주시킨 사례도 있다.

---

29) 1944년 기준으로 한국민의 약 11.6%가 해외에 거주하고 있었다. Bruce Cummings, The Origins of the Korean War, Vol 1;Liberation and Emergence of Separate Regimes, 1945~1947, Princeton; Princeton University Press, 1981. p.54

3) 1945-1962 한국전쟁 후 빈곤

1945년 한국이 제2차 세계 대전에서 해방된 이후 전 세계로 흩어진 한국인들을 가리키는 말이다. 이 기간 한국인들은 정치적, 경제적, 사회적 이유로 고국을 떠나 미국, 캐나다, 유럽, 중동, 동남아시아 등 여러 국가로 이주했다.

이 기간 한국인 디아스포라의 형성에는 여러 가지 요인이 작용했다. 첫째, 1945년 한국의 해방은 한국인들에게 새로운 기회의 시대를 열었지만 동시에 새로운 도전의 시대이기도 했다. 한국은 6.25 전쟁(1950-1953)을 치르고 있었고, 경제는 파괴되었다. 이러한 상황은 많은 한국인이 고국을 떠나 새로운 삶을 찾도록 촉발시켰다. 둘째, 한국전쟁은 또한 한국인 디아스포라의 형성에 중요한 역할을 했다. 전쟁은 수백만 명의 한국인을 난민으로 만들었고, 그 가운데서 많은 사람이 조국을 떠나 해외로 이주했다.

한국 전쟁 이후 폐허와 같은 상태에서 가장 중요한 문제는 경제적 빈곤이었다. 1953년 한국의 1인당 GDP는 53$였고, 그 이후 1955(65$), 1960년도에는 79$였다. 1960년도를 기준으로 아프리카 가나(190$), 가봉(350$), 필리핀(254$)보다 못한 열악한 상황이었다. 즉 한국 전후는 세계에서 가장 가난한 나라로 전락해있었다. 한국전쟁은 수백만 명의 사상자와 실향민, 전쟁고아를 발생시켰고 한국 경제에도 막대한 피해를 준 결과로 한국인 디아스포라의 형성에 커다란 역할을 하였다. 전쟁 기간에 수백만 명이 미국, 캐나다, 호주, 일본 등지로 해외 이주했다.

4) 1962년 이후

한국전쟁의 후유증으로 한국 사회는 고실업으로 어려운 시기였다. 1963년부터 독일에 학사 광부가 파견된다. 당시 한국의 1인당 GDP는 87$였고 파견된 광부 1인당 급여는 162$였다. 1977년까지 7,936명 광부는 빈곤으로 인한 한민족의 디아스포라 그 자체였다. 이어서 1964년에는 월남전쟁에 한국 군인 파병을 하게 되는바 이것 역시 한민족 디아스포라의 사례였다. 1973년까지 32만 명이 넘는 병력을 파병하였다. 파병된 병사들의 급여는 평균 300~400$이었다. 당연히도 한국 국내 평균 월급보다 더 높았다. 1965년부터는 독일에 간호사가 파견되는데 1976년까지 1 만여 명이 파견되었다. 간호사들의 월급은 1,500~2,000마르크였고 당시 한국의 평균 월급은 50~60 마르크였다. 이러한 60년대 빈곤한 경제 환경은 한국인들이 디아스포라의 형성 원인이 되었고 반대급부로 앞서 언급한 광부, 월남 파병군인, 간호사들의 급여는 다시 모국으로 송금되어 한국 경제의 귀중한 달러 자원이 된 것도 디아스포라의 산물이라고 할 수 있다.

1965년 미국이민법의 제정으로 저소득 인구를 배출하는 계기가 되었다. 1970년대는 미국이민이 가장 활발하게 이루어졌다. 그 이후 1988년 서울올림픽을 정점으로 1인당 GDP(4,435$)가 상승하자 역이민이 증가하여 새로운 디아스포라가 형성되었다. 그 이후 1980년대 후반부터는 이민 수용국으로 변화하게 된다.

4. 디아스포라의 이미지

가. 부정적 이미지

디아스포라에 의한 인간의 이동에 관한 것은 주로 부정적인 요소의 것들이 그 배경 요인으로 작용하고 있는 공통성이 있다. 주로 강제 접변에 의한 압제, 빈곤, 강제 추방에 의한 디아스포라가 대부분이었다는 것에서 알 수 있다.

가장 대표적인 사례로 예시한 유대인들도 역사적으로 기원전 70년 로마 제국이 예루살렘을 파괴하고 유대인들을 추방하면서다. 그 이후로 유대인들은 유럽, 북아프리카, 중동 등 세계의 여러 지역으로 흩어져 살게 되었다. 유대인들의 디아스포라에는 여러 가지 이유가 있다. 첫째, 유대인들은 종교적 이유로 박해를 받았다. 유대교는 유일신교로, 다른 종교와는 다른 신앙 체계를 가지고 있다. 이 때문에 유대인들은 이교도들에 의해 박해를 받았다. 둘째, 유대인들은 경제적 이유로 흩어져 살았다. 유대인들은 상인과 금융가로 활동했는데, 이 때문에 다른 사람들의 질투와 박해를 받았다. 셋째, 유대인들은 정치적 이유로 흩어져 살았다. 유대인들은 독립 국가를 세우려고 했지만, 여러 차례 실패했다. 이 때문에 유대인들은 끊임없이 다른 나라에 의해 통치를 받아야 했고, 이로 인해 박해를 받기도 했다. 이상의 이유에서 알 수 있듯이 유대인들은 예루살렘으로부터 추방당하는 강제 접변과 여러 가지 이유에 의한 박해로 인해 디아스포라를 겪게 되는 것이다.

또 다른 사례로서 한민족의 디아스포라 과정도 한민족 디아스포라는 19세기 말부터 시작된 일제강점기와 한국전쟁을 거치면서 형성되었다. 일제강점기에는 수많은 한국인이 일본으로 강제 징용되거나 위안부로 끌려갔고, 한국전쟁을 피해 많은 한국인이 북한으로 탈출하거나 해외로 망명했다.

그 외에 오늘날도 흔히 볼 수 있는 이주노동자들도 경제적 기회, 정치적 불안정, 환경 피해 등 다양한 이유로 고국을 떠나는 사람들이다. 이들은 종종 새로운 국가에 정착하는 데 어려움을 겪으며, 차별, 소외, 빈곤에 직면할 수 있다. 이주노동자의 디아스포라 과정은 복잡하고 다양한 요인에 의해 영향을 받다. 가장 중요한 요인 중 일부는 다음과 같다.

출발 국가의 상황의 경우 종종 고국이 경제적으로 불안정하거나 정치적으로 불안정할 때 이주를 선택하여 대개 목적지 국가가 경제적 기회가 더 많거나 삶의 질이 더 높을 때 이주를 선택하게 되고, 그리고 개인적 상황에 의해 종종 교육 수준, 직업 경험, 가족 상황과 같은 개인적인 요인에 따라 이주를 선택하여 디아스포라를 맞게 된다. 경제적 빈곤과 같은 요인들에 의한 디아스포라가 가장 일반적 경우로 발생하는 경우가 많다.

쿠웨이트서 가사도우미로 일하는 필리핀 여성이 살해된 채로 발견되었고 필리핀 정부는 자국 노동자들의 쿠웨이트 파견을 제한하기로 했다는 내용의 기사였다.

특정 사건의 경우라고 할 수도 있지만, 오늘날 이주 노동자들의 대부분이 경제적 문제로 모국을 떠나서 이주하는 디아스포라의 첫

사막 한복판 불타 버려진 30대 가정부 (2023.02.09. 중앙일보)
- 2023년에 발생한 국제적 사건의 경우다.

이미지는 부정적인 요소에 의한 것이 주류를 이룬다고 할 수 있다.

나. 긍정적 이미지

앞서 기술한 디아스포라에 대한 부정적 이미지가 과거 역사 속의 현실이었다면 문화변용에 의해 긍정적으로 변화된 이미지도 존재한다. 빈곤, 압제 등으로 강제 문화접변을 당했던 재외동포에 대한 최근 이미지가 전환되고 있는 현상에서도 디아스포라의 이미지 변화를 알 수 있다.

1960년대 한국의 경제적 빈곤 상황에서 약 20만 명의 한국인들이 독일에 파견되었다. 15만 명이 광부였고 나머지 5만 명이 간호사였다. 즉 한국의 빈공에 의한 해외 이주한 디아스포라의 사례였다. 1960년대 경제 성장을 위한 자본의 부족이 절실한 상황에서 독일에 파견된 광부와 간호사들은 한국의 실업률을 낮추고 외화를 벌어들이는 역할을 하게 되었다. 그 외화는 한국 경제 일으키기에 중요한 자원으로 역할을 하게 된다. 또한 독일에서의 문화접변을 통해 독일과 한국의 문화전달자 역할도 담당하게 되었다. 두 가지 측면에서 독일에 파견된 광부와 간호사들의 디아스포라의 이미지를 긍정적으로 바꾸어 볼 수 있다. 하나는 한국의 경제 발전의 기여고 다른 하나는 문화전파에 관한 것이다.

한민족 디아스포라는 고국을 떠나 타국에서 살아야 하는 어려움을 겪었지만, 새로운 삶을 개척하고 한국 문화를 전파하는 데에도 기여했다. 특히 재일교포들은 일본 경제 발전에 크게 기여했으며, 최근에는 한류를 통해 한국 문화를 전 세계에 알리는 데에도 앞장서고 있다.

한민족 디아스포라는 한국 사회에서 중요한 위치를 차지하고 있다. 이들은 한국 경제와 문화를 활성화에 기여하고 있으며, 한국의 위상을 높이는 데에도 기여하고 있다. 또한 한민족 디아스포라는 한국과 타국 간의 가교역할을 하여 양국 관계를 발전시키는 데에도 기여하고 있다.

이상에서 한민족의 경우를 예를 들어 디아스포라의 긍정적 이미지 변화를 보고자 하였다. 결론적으로 과거 대거 이주의 부정적 이미지가 오늘날에는 새로운 의미를 드러내게 되었고 그것은 긍정적 이미지로의 변화를 나타냈다. 과거의 재외동포가 모국의 귀중한 인적자원으로서의 존재감이 부각 되고 나아가 현안 외교 관점에서도 모국과의 네트워크 역할이 확대되고 있는 현실에서도 그 이미지는 변화되었다고 할 수 있다.

XI
국제 분쟁과 문화변용

국제사회의 끊임없는 분쟁의 원인, 과정 그리고 그 결과는 어떠한가?

전쟁이 발생하는 동인에는 전통적으로 영토, 자원, 민족, 종교 등이 그 원인이었다. 침략에 의한 영토확장과 식민 지배에 의한 수탈과 동화 등이 국제사회를 뒤덮었던 때가 전쟁의 시기였다. 그 결과는 한 개인의 삶을 중심으로 정체성 파괴 및 상실에 의한 문화변용이 조직, 그리고 국가 나아가서 국제사회의 문화적 변용을 일으키는 원인이 되었다고 할 수 있다.

1. 전쟁에 의한 문화충격

전쟁은 사회와 문화에 중대한 영향을 미친다. 전쟁은 많은 죽음과 파괴를 초래할 수 있으며, 사회를 분열시키고 불안정하게 만들 수 있다. 전쟁은 또한 사람들이 새로운 아이디어와 관습에 노출되기 때문에 문화적 접변의 기회가 될 수 있다.

문화접변은 한 문화가 다른 문화의 영향을 받아 변화하는 과정이다. 이는 새로운 아이디어, 관점 및 관습의 수용, 언어의 습득, 다른 문화의 사람들과 결혼을 포함한 여러 가지 요인에 의해 발생할 수 있다.

전쟁은 문화에 큰 영향을 미칠 수 있다. 전쟁은 문화적 가치와 전통의 상실, 새로운 아이디어와 관습의 도입, 기존 문화의 변화를 포함하여 문화에 다양한 영향을 미칠 수 있다. 전쟁은 문화접변의 기회가 될 수 있다. 전쟁은 사람들이 다른 문화의 사람들과 접촉하도록 강요할 수 있으며, 이는 새로운 아이디어와 관습에 노출될 수 있다. 전쟁은 또한 사람들이 다른 문화를 배우도록 강요할 수 있으며, 이는 자신의 문화에 대한 새로운 이해로 이어질 수 있다.

전쟁은 종종 문화적 가치와 전통의 상실로 이어진다. 전쟁은 사람들을 죽이고, 문화적 유물을 파괴하고, 문화적 장소를 파괴할 수 있다. 또한 사람들이 집을 떠나야 하므로 문화적 공동체를 파괴할 수도 있다.

그러나 전쟁은 또한 문화접변의 위험이 될 수도 있다. 전쟁은 사람들이 자신의 문화를 포기하도록 강요할 수 있으며, 이는 문화적 정체성과 소속감 상실로 이어질 수 있다. 전쟁은 또한 사람들이 다른 문화를 증오하도록 강요할 수 있으며, 이는 문화 간 갈등으로 이어질 수 있다.

전쟁은 복잡한 현상이며, 문화접변에 대한 긍정적인 영향과 부정적인 영향이 모두 있다. 전쟁의 잠재적인 이점과 위험을 인식하고 문화를 존중하고 포용하는 방식으로 문화접변을 촉진하는 것이 중요하다.

전쟁은 또한 새로운 아이디어와 관습의 도입으로 이어질 수 있다. 전쟁은 사람들이 서로 접촉하게 만들고, 새로운 문화를 경험하게 한다. 또한 사람들이 다른 문화에 대해 배우고, 다른 문화의 관습에 적응하도록 강요할 수 있다.

따라서 전쟁은 기존 문화의 변화로 이어질 수도 있다. 전쟁은 사람들의 삶을 변화시키고, 새로운 우선순위를 갖도록 만들 수 있다. 또한 사람들이 새로운 방식으로 생각하고, 새로운 방식으로 행동하도록 강요할 수도 있다.

2. 냉전체제에 의한 문화적 대응

냉전은 제2차 세계 대전이 끝난 후 미국과 소련 간의 대립을 설명하는 데 사용되는 용어다. 1947년부터 1991년까지 이 기간 두 국가는 정치, 경제, 군사 문제에서 경쟁했다. 그 이후 미국과 소련의 대치 상황은 미국 중심의 북대서양 조약기구(NATO, 1949)[30]와 이에 대응하여 소련 중심의 바르샤바 조약기구(WTO, 1955)[31]의 형성으로 변화되어 새로운 모양으로 자리 잡았다.

냉전의 주요 원인은 제2차 대전이 끝난 후 세계의 지배적 이념이 된 미국과 소련 간의 이념적 차이였다. 미국은 자유민주주의와 시장경제를 옹호한 반면 소련은 공산주의와 계획경제를 옹호했다. 이념

30) 유럽과 북아메리카 지역 31개 회원국의 정치 및 군사동맹이다. 조약의 핵심 조항, 제5조에 대해 동맹국들은 "회원국 일방에 대한 무력 공격을 전체 회원국에 대한 공격으로 간주한다"는 것과 각 동맹국은 공격에 대응하여 "무력의 사용을 포함하여 필요하다고 판단되는 조치를 취한다"는 것에 동의했다.

31) 소련, 동독, 헝가리, 루마니아, 불가리아, 알바니아, 체코슬로바키아의 8개국이 참여하였다가 1968년 알바니아가 탈퇴하였다가 1991년에 해체되었다.

적 차이는 또한 자본주의와 사회주의 경제체제에 대한 대립으로 나뉘었고 두 국가 간의 경쟁과 긴장의 주요 원인이었다.

냉전은 또한 군비경쟁의 결과이기도 하다. 두 국가는 핵무기를 포함하여 더 강력한 무기를 개발하기 위해 경쟁했다. 군비경쟁은 두 국가 간의 긴장과 불신의 주요 원인이었다.

냉전은 세계에 큰 영향을 미쳤다. 그것은 두 개의 진영으로 나누어진 분열된 세계를 만들었다. 또한 여러 지역에서 전쟁과 분쟁으로 이어졌다. 냉전은 또한 두 국가 간의 경쟁으로 인해 고조된 긴장과 불신의 시대였다. 냉전은 1991년 소련의 붕괴로 끝났다.

냉전은 복잡하고 장기적인 갈등이었다. 세계에 큰 영향을 미쳤으며 그 영향은 오늘날에도 여전히 느껴지고 있다.

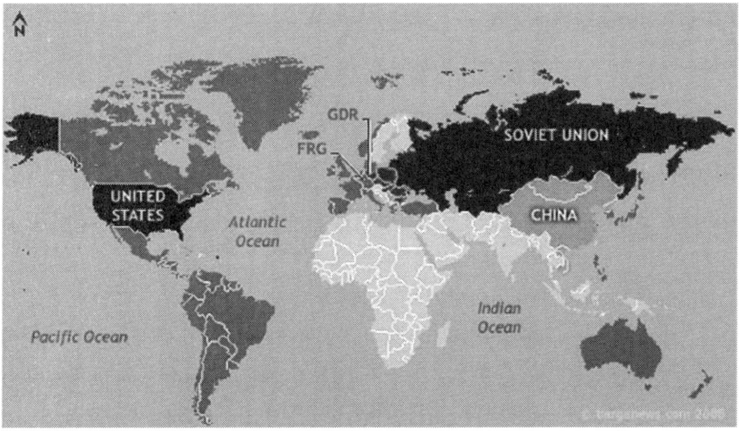

냉전체제의 구도

3. 문화적 재해석 과정 -대립에서 데탕트[32]로-

냉전체제 아래서 미국과 소련의 대치는 정치, 경제, 사회, 문화 모든 분야에서 대립 양상을 나타냈다. 그 경쟁적 대립은 미소 우주 경쟁, 군비경쟁, 살상 무기 경쟁, 핵전쟁 공포로 이어졌다고 할 수 있고 그 영향으로 과학기술 발전은 아이러니하게도 괄목할 수준이었다고 할 수 있다.

미소의 대립상황은 베를린 위기(1958년)와 쿠바 미사일 위기(1962년)로 핵전쟁 직전까지 가서 국제적 위기감은 최고로 고조되었다. 그러나 그 이후 핵전쟁의 위기감에서 미국과 소련은 핵전쟁 방지에서 공동이익을 발견하고 또 국내외 사정[33]을 빌미로 국면전환을 하게 된다. 나아가서 중국과 소련의 대립 등, 미소 양극 체제에서 다극화의 움직임으로 나타나 이른바 데탕트의 시기로 전환하게 된다.

냉전체제에 있어서 문화적 재해석 과정은 이른바 데탕트로 전환되는 상황으로 볼 수 있다. 그런 분위기는 우선 중국이 1960년대 초 미소 양극 체제에서 거리를 두며 독자노선을 선언하여 국제 정세의 균형을 이룬 것, 미국과 소련의 전략 핵무기 제한협정(1972년) 이어

32) 프랑스어로 긴장 완화를 뜻하는 말, 1960년대 말부터 1870년대 이후 냉전 양극 체제가 다극 체제로 전화되면서 미소 간의 긴장이 완화되던 시기를 말한다.

33) 소련에는 식량문제가 미국의 경우는 베트남 전쟁에서의 고착으로 인한 갈등이 있었다.

서 미국과 중국의 수교(1979년), 그리고 인도를 비롯한 아프리카 국가들로 구성된 제3 세계가 등장한 것, 일본이 경제 대국으로 부상한 요인도 냉전체제가 완화되고 다극 체제로 전화되면서 문화적으로는 재해석의 단계로 들어갔다고 할 수 있다. 즉 문화적 재해석은 냉전 체제에서 데탕트라는 새로운 상황으로의 전환을 만들어 가는 과정이라고 할 수 있다.

소련 레오니트 브레즈네프 서기장과 미국 리처드 닉슨 대통령

미중 수교 닉슨과 마오쩌둥

4. 데탕트 이후의 문화접변

국제사회의 역사상 문화접변을 일으키는 커다란 요인 중의 하나는 전쟁이었다. 세계 제1, 2차 전쟁을 거치는 동안 국제사회의 문화적 변화는 모든 분야에서 주목할 만하다. 대표적인 미국과 소련에 의한 대치적 전쟁은 국제사회의 역사적으로 커다란 문화 변화를 초래했다.

18C 이후 식민 지배 체제가 끝나면서 각국은 근대화 국가로의 탈바꿈을 시도하게 된다. 그 과정의 각국은 국가적 정체성을 확립하려는 움직임이 두드러지게 드러난 시기였다. 특히 독립 국가로서의 문화적 특성을 반영한 국가적 정체성 확립은 각 나라가 민주주의를 추구하는 형태로 이어져 갔다. 그 가운데 미소 냉전체제는 완화되었으나 이데올로기에 의한 또 다른 전쟁으로 이어져 갔다. 대표적인 것으로 미국과 소련으로 나누어진 국가 시스템 즉 민주주의와 공산주의 이념에 의한 대립이었다. 소위 냉전체제의 확립으로 국제사회는 다시 대립의 장으로 연결되어 즉 데탕트가 붕괴되는 모습을 보였다.

냉전체제가 종식된 이후에도 전쟁은 끊임없이 이어지고 있었다. 당사자 국가인 미국과 소련에 의한 직접적인 전쟁은 아니나 미국과 소련에 의해 형성된 이데올로기에 따른 체제 고착이 그 배경 원인이었다. 독일의 경우 2차 세계대전 이후 동독과 서독으로 나뉘어 이념적 대립체제로 굳어지게 된다. 유사한 사례는 한국과 베트남의 경우가 있다. 그 과정에서 독일의 베를린 장벽의 해체(1989)는 데탕트로 가는 신호탄이었다고 할 수 있다.

베를린 장벽 붕괴(1989)와 데탕트 전환

마지막으로 냉전체제에 의한 문화접변을 한국의 경우를 사례로 정리하여 보자.

1차적 원인은 강제 접변인 식민 지배에 의한 문화접변 즉 식민 지배에 의한 문화충격은 피식민 국가의 민족 정체성 상실과 분열과 갈등을 초래하여 문화적으로 총체적 해체의 수준까지 이어졌다. 구체적으로는 민족과 국가의 이념과 체제의 논쟁이 유발되어 국민국가로서의 정체성을 정립하는 과정이 동요의 과정을 거치게 된다.

냉전체제에 의한 산물로서 남북이 이념으로 분열되고 결국은 이념에 의한 대리 전쟁으로 인해 다시 한번 문화적 충격을 받게 된다. 전쟁에 의한 문화접변은 민족과 국토의 황폐화로 생존적 토대가 전파되고 동시에 인간의 기본 권리와 자유가 유린 되는 과정을 거친다.

결국 남북한은 왜곡된 이념전쟁이라는 갈등으로 분열 체제가 고착되고 정치·경제적 후진국으로 전락하게 되고 동시에 국민 개인의 삶도 파괴되는 문화변용을 겪게 되었다. 전쟁은 한 인간의 삶뿐만 아니라 국가의 정체성을 뒤엎을 정도의 문화적 충격을 준다. 전쟁도 하나의 문화변용의 과정으로 받아들이면 한국을 비롯한 모든 나라는 각각의 문화변용에 의한 새로운 문화체제로 정착하게 된다.

5. 새로운 패러다임의 문화변용

데탕트 붕괴 이후 국제 사회에서의 문화접변은 다른 모습으로 나타나고 있다. 즉, 과거의 영토확장과 군비경쟁 같은 구도하에서의 양상이 아니라 새로운 패러다임의 모습을 보여주고 있다. 국제교류의 급증으로 파생되는 지구화 문제, 민족 문제, 종교분쟁, 언어 문제 등에 의한 문화마찰이 새로운 문화접변의 원인으로 등장하고 있다. 정치 군사 문제만이 아니라 국제관계에서의 문화와 관련된 문제로 국제문제는 또 다른 문화접변이 일어나고 있다.

하나의 사례로 러시아와 미국은 다시 새로운 대립의 경쟁 구도로 이어지고 있다.

1991년 12월 소비에트 연방은 해체되었고, 러시아는 구소련의 국제적 권리를 계승했지만, 군사력은 저하되고, 또 러시아 국내의 경제 사정 악화로 인해 양국 간에 과거와 같은 긴장은 사라졌다. 그러나 2000년대 후반 들어 미국이 추진하는 동유럽 미사일 방어 문제와 러시아가 내건 '강한 러시아' 부활을 위한 자원 외교 등으로 미러 양국의 긴장이 다시 커지고 있다.

그러나 2009년에 미국에서 출범한 버락 오바마 정권은 미국과 러시아 간 최대 현안이 되어 있던 동유럽 미사일 방위 구상의 중지를 결정하고, 양국의 긴장 관계를 크게 완화시켰다. 이것도 한편으로는 냉전 시대의 데탕트와 같은 것이다. 하지만 완화됐던 관계는 2014년 2월 러시아가 우크라이나의 크림반도를 침공 합병함으로써 러시아가 미국과 서방 세계들의 관계가 다시 냉각됨으로써 냉전체제로 돌아갈 조짐이 보인다.

6. 미국과 중국의 문화 충돌

미국과 중국의 충돌은 국제사회에서의 정치적 패권의 문제인가? 혹은 이념 대립의 문제인가? 동서양을 대표로 하는 두 문명이 갈등 양상을 보이는 가운데 새뮤얼 헌팅턴은 '문명의 충돌(2016)'에서 미중의 갈등은 이데올로기와 문화를 포함한 총체적 갈등이라고 지적했다. 공산(사회)주의와 자유민주주의와의 이데올로기 갈등이라는 대립 관계로 볼 수도 있고 사회주의 경제와 자본주의 경제와의 대립 구도로도 볼 수 있을 것이다. 미국 도널드 트럼프 전 정부의 마이크 폼페이오 국무부 장관은 중국 공산당을 마르크스-레닌주의의 정당이라고 규정하였다[34]. 앞으로도 미중 양국은 여러 현안을 두고서 대

34) 2019.1103 The Prayer Herald

립을 하는 양상으로 전개될 가능성이 크다. 이것을 두고 미국과 중국의 새로운 냉전체제로의 회귀라고 말할 수도 있다. 그렇다면 그에 따른 문화변용은 또 다른 양상으로 전개될 것이고 국제사회는 새로운 문화충격을 맞이하게 될 것이다.

미국과 중국은 세계 최강대국으로서, 경제, 정치, 군사, 기술 등 다양한 분야에서 경쟁하고 있다. 이러한 경쟁은 때때로 갈등으로 이어지기도 하는데, 대표적인 사례로는 2018년부터 시작된 무역전쟁이 있다.

미국과 중국의 문화 충돌

가. 미·중 무역 분쟁

무역전쟁은 미국이 중국의 기술 훔치기, 지적재산권 침해, 무역 관행 조작, 미국 기업을 불공정하게 지원하고 있다고 주장하면서 시작되었다. 미국과 중국의 무역 분쟁은 2018년 3월 미국이 중국산 철강과 알루미늄에 대한 관세를 부과하면서 시작되었다. 미국은 중국이 지적 재산권을 도용하고, 미국의 고용 시장을 침해하고 있다고 주장했다. 중국은 미국의 조치를 “보호주의”라고 비난하고, 보복 관세를 부과했다.

무역 분쟁은 이후 2년 동안 계속되었으며, 양국은 서로 수백억 달러의 상품에 관세를 부과했다. 무역 분쟁은 두 나라의 경제에 부정적인 영향을 미쳤으며, 세계 경제도 위축시켰고 세계 경제 성장도 둔화시키는 등 세계 경제의 불확실성을 높이고 기업의 투자를 위축시켰다.

2020년 1월, 미국과 중국은 1단계 무역 협정을 체결했다. 협정에 따라 중국은 미국산 농산물과 에너지 수입을 늘리고, 지적 재산권 보호를 강화하기로 했다. 미국은 중국에 부과한 일부 관세를 철회하기로 했다.

1단계 무역 협정은 무역 분쟁을 종식 시키지는 못했다. 두 나라는 여전히 기술, 인권, 군사 등 다양한 분야에서 갈등을 빚고 있다. 무역 분쟁이 재발할 가능성은 여전히 있다.

미국과 중국은 경제 전쟁을 종식하기 위해 협상을 계속하고 있지만, 협상은 쉽지 않을 것으로 예상된다. 양국 사이에는 많은 갈등이 있고, 양국 모두 경제 전쟁에서 승리하고 싶기 때문이다. 따라서 미중 경제 전쟁은 장기화될 가능성이 높다.

나. 이데올로기 충돌

미국과 중국은 세계에서 가장 강력한 두 나라이며, 두 나라는 이데올로기적으로 매우 다르다. 미국은 자유 민주주의와 시장 경제를 옹호하는 반면, 중국은 공산주의와 계획경제를 옹호한다. 이 두 나라의 이데올로기적 차이는 두 나라의 외교 정책에서 갈등을 일으키고 있다.

미국은 중국이 인권을 탄압하고, 남중국해에서 영토를 확장하고, 세계 경제에서 미국의 주도권을 위협하고 있다고 비판하고 있다. 중국은 미국이 중국의 내정에 간섭하고, 중국의 경제 발전을 저해하고, 중국을 고립시키려고 한다고 비판하고 있다.

미국과 중국의 이데올로기적 충돌은 앞으로도 계속될 것으로 예상된다. 이 두 나라는 세계에서 가장 중요한 두 나라이며, 두 나라의 관계는 세계 평화와 번영에 큰 영향을 미칠 것이다.

미국과 중국의 이데올로기적 충돌을 해결하기 위해서는 두 나라가 서로의 입장 이해와 협력할 필요가 있다. 두 나라는 무역, 기후 변화, 핵확산 등 공동의 관심사에 대해 협력함으로써 이데올로기적 갈등을 완화할 수 있다. 또한, 두 나라는 양국 국민 간의 교류를 확대함으로써 서로에 대한 이해를 증진할 수 있다.

이러한 이데올로기 충돌의 연장선상에 외교 전쟁 발생은 여러 가지 이유로 설명할 수 있다. 첫째, 두 나라는 경제 패권을 놓고 경쟁하고 있다. 중국은 빠르게 성장하는 경제 대국으로, 미국의 세계 경제 지배력을 위협하고 있다. 둘째, 두 나라는 기술 분야에서 경쟁하고 있다. 중국은 인공 지능, 5G, 빅 데이터 등 첨단 기술 분야에서 빠르게 발전하고 있으며, 미국의 기술 우위를 위협하고 있다. 셋째, 두 나라는 군사 분야에서 경쟁하고 있다. 중국은 군사력을 빠르게 증강하고 있으며, 미국의 군사적 패권을 위협하고 있다. 미국과 중국의 외교 전쟁은 전 세계에 큰 영향을 미칠 것으로 예상된다. 두 나라는 전 세계 무역의 2/3를 차지하고 있으며, 두 나라의 갈등은 세계 경제에 큰 타격을 줄 것이다. 또한, 두 나라는 전 세계의 주요 무기 수출국으로, 두 나라의 갈등은 세계의 군사적 긴장을 고조시킬 것이다.

이상의 대표적인 경제, 이념 및 외교 분야에서의 미국과 중국의 대립적 갈등 구조를 살펴보았다. 과거 소위 냉전체제가 미국과 소련의 대립 구도에서 비롯된 문화접변이었다면 미국과 중국의 대립 구도 역시 새로운 패턴의 문화변동으로 될 수 있다. 국제사회에서의 대립적 갈등 구조에 의한 문화변동이 앞으로의 국제사회에 초래할 문화접변 그리고 새로운 문화창조라는 형태로 나타나게 될 것이다. 즉 새로운 국제 질서가 만들어질 것이고 그 환경 아래서 새로운 국제역사가 만들어질 것이다.

다시 짚어봐야 할 논거가 있다면 그것은 문화 요소 간의 충돌을 주장한 새뮤얼 헌팅턴의 "문명의 충돌"론이라고 생각된다. 종래의 문명충돌이 아닌 문화 요소에 의한 분쟁이 활발해 질 것으로 내다본 단면을 생각해 보기로 한다.

아울러 우리는 앞서 살펴본 대로 아주 복잡하고 다양한 세상을 살아가고 있다. 개인을 중심으로 하는 세상에서 층층이 에워싸고 있는 그래서 몇 개의 동심원을 가진 중층적 구조 속에서 살고 있는 것이다.

XII
비서구의 근대화와 문화변용

서구 근대화는 16세기 이후부터 19세기까지 주로 유럽에서 시작된 사회, 경제, 정치, 문화적 변화의 과정이다. 이 과정은 과학 혁명, 산업혁명, 프랑스 혁명, 미국 혁명과 같은 사건으로 특징지어졌다. 서구 근대화는 유럽의 정치, 경제, 문화를 근본적으로 변화시켰으며, 세계의 다른 지역에도 영향을 미쳤다. 이런 의미에서 근대화는 국제사회 문화접변의 하나의 중심축이라고 할 수 있다. 근대화로 인해서 국제사회 그리고 각 나라에 끼친 영향은 구 나라마다 국가적 정체성을 형성하는데 중요한 과정이었다고 할 수 있다.

서구 근대화의 주요 특징은 다음과 같다.

첫째, 과학 혁명의 발전이다. 과학 혁명은 자연 세계에 대한 지식의 근본적인 변화를 가져왔다. 이로 인해 새로운 기술과 산업이 개발되었으며, 생산성이 크게 향상되었다. 둘째, 산업혁명의 발전이다. 산업혁명은 새로운 기술과 에너지원(증기기관)의 개발로 인해 발생했다. 이로 인해 제조업 생산량이 대폭 증가했으며 도시화와 중산층의 성장이 촉진되어 자본주의의 발달이 도래하였다. 셋째, 정치적 변화다. 서구 근대화는 봉건제의 붕괴와 민중의 정치 참여 증가로 인해 민주주의가 발전했다. 즉, 봉건사회로부터 근대 자본주의 사회로의 전환과정이었다고 할 수 있다. 그 주류를 이루었던 이론이 다윈의 진화론에 근거한 사회진화론이었고 그에 근거한 서구중심의 사회발전 이론이 활발하게 전개되었다. 전통사회는 대중소비사회로의 전환으로 이어졌고 개발도상국의 발전이론으로 자리 잡았다. 넷째, 문화적 변화다. 서구 근대화는 과학적 사고의 확산과 교육의 보급으로 인해 새로운 가치관과 세계관이 형성되었다. 전 근대와의 차이점은 과학적, 합리적, 이성적인 것이 특징이라고 할 수 있다. 이 외에도 서구 국가들의 주도로 민족주의가 등장하였고 그 연장선상에서 식민지 개척으로 이어졌고 이로 인해 유럽은 세계의 다른 지역을 지배하게 되어 강제 문화접변을 일으켰다. 또한, 유럽의 근대화는 세계의 다른 지역에도 근대화의 물결을 일으켰다.

서구 근대화는 긍정적인 측면과 부정적인 측면을 모두 가지고 있다. 긍정적인 측면으로는 생산성 증가, 삶의 질 향상, 민주주의 발전 등이 있다. 부정적인 측면으로는 환경 오염, 빈부격차 심화, 전쟁 등이 있다. 서구 근대화는 세계의 다른 지역에도 영향을 미쳤다. 서구의 기술, 경제, 문화는 세계의 다른 지역으로 전파되었으며, 이는 세계화라는 커다란 프레임 구조로 이어졌다. 따라서 근대화는 문화접변에 의한 대 전환 사례로 간주할 수 있다.

1. 비서구의 근대화

서구 근대화는 16세기부터 시작되어 19세기에 이르러 완성되었지만, 비서구 근대화는 19세기 말부터 시작되어 20세기에 이르러 완성되었다. 비서구의 근대화는 서구와는 다른 방식으로 이루어졌다. 서구의 근대화는 산업혁명으로 주도되었지만, 비서구의 근대화는 산업혁명 이전의 전통적인 사회 구조를 기반으로 이루어졌다. 그 결과, 비서구의 근대화는 서구와는 다른 특징을 가지고 있다.

서구 근대화는 자발적인 과정이었다면, 비서구 근대화는 종종 제국주의와 식민지 지배의 결과로 발생했다. 서구 근대화가 서구 세계의 발전을 위한 것이었다면, 비서구 근대화는 서구 세계의 발전과 함께 비서구 세계의 발전을 위한 것이었다. 그리고 서구 근대화가 서구 세계의 가치와 제도를 도입하는 것이었다면, 비서구 근대화는 서구 세계의 가치와 제도를 비서구 세계의 상황에 맞게 수정하는 것이었다.

비서구의 근대화에 대한 아놀드 토인비(1934-1961)의 비서구 문화접변론을 살펴보기로 한다.

아놀드 토인비(1934-1961)

아놀드 토인비는 그의 저서 『역사의 연구』에서 비서구의 문화접변의 모양을 개국과 양이 그리고 반항이라는 구도로 보았다. 또한 비서구의 문화접변은 적대적 문화접변으로서 일본의 존황앙이파[35]와 개화파, 조선의 개화파와 수구파처럼 특정 세력끼리의 대립적인 관계를 이루며 이루는 형태로 지적하였다. 적대적 문화접변이란 특정 집단에 대한 저항이 주류를 이루는 것이 특징이고 일본의 메이지 유신 지도자들과 쇄국 시대의 일본인 즉, 사무라이 집단이 근대화라는 새로운 문화 요소의 수용에 저항한 경우를 생각할 수 있다. 여기서 말하는 특정 집단을 조금 더 확대하여 보면 일정 규모의 민족적 구성을 생각할 수 있다.

민족은 특정한 시기에 사람들이 경험을 통해 구성되고 의미가 부여된 역사적 공동체를 말한다. 그런 의미에서 민족성과 민족은 특수한 종류의 문화적 조형물을 이루게 된다는 것이다. 또 베네딕트 앤드슨(1936-2015)은 『상상된 공동체』론에서 "민족은 실존하는 실체가 아닌 상상에 의한 창조된 개념"이라고 정의하였다. 앤드슨에 의하면 민족은 제한적인 것으로, 주권을 가진 것으로 그리고 공동체로 상상되었다고 한다. 민족은 많은 것을 공유하는 한편 많은 것을 망각하게도 한다. 예를 들면 국민 의식, 언어를 비롯한 문화 공통성을 공유한다는 것이고 같은 문화공동체를 이루고 있는 특별한 구성체라고 하였다. 나아가서 상징과 관습을 통해 이루어진 국가적 정체성을 이르는 말로 정의하였다.

그렇다면 근대국가에서의 민족의 의미는 무엇인가?

---

35) 尊皇攘夷派: 천황을 받들고(존황) 외세를 배격(양이)하자는 주장을 펼친 일본 막부 말기의 수구파

영화 대부 I (1973)

영화 '대부'는 이탈리아 이민자 가족이며 범죄조직의 핵심인 콜레오네 가문의 3대에 걸친 스토리를 배경으로 하고 있다. 제1편(1973년)에서는 가족 중심의 스토리로 전개되고 제2편(1974년)에서는 1편의 가족 중심에서 가문 중심으로 스토리가 넘어가고 제3편(1990년)에서는 가족(민족)을 탈피하여 국가 중심으로 그 스토리의 무게 중심이 이동한다. 이 영화를 통해서 국가 형성과정을 볼 수가 있다. 국가의 첫 단계는 가족 기반으로 형성되고 다음 가족에서 가문(민족)으로 넘어가고 마지막에서 가문에서 국가로 형성되는 과정을 나타내고 있다. 내용의 형성도 그렇지만 민족도 마찬가지로 확장되면 확장될 수록 복잡한 관계로 되어간다. 즉 민족이나 국가의 경우도 확장되면 될수록 복잡하게 되어가는 것과 같은 이치라고 할 있다.

이상의 내용을 요약하여 보면 비서구의 근대화 특징 중 하나는 국가의 역할이 매우 중요하다는 것이다. 비서구의 국가들은 근대화를 위해 적극적으로 개입하여 경제, 교육, 사회, 정치 등 다양한 분야에서 근대화를 추진했다. 그 결과, 비서구의 국가들은 비교적 짧은 기간에 근대화를 이룰 수 있었다.

비서구 근대화의 또 다른 특징은 서구와는 다른 방식으로 이루어졌지만, 서구의 영향을 많이 받았다는 것이다. 비서구의 국가들은 근대화를 위해 서구의 기술, 경제, 정치, 문화 등 다양한 분야에서 서구의 영향을 많이 받았다. 그 결과, 비서구의 국가들은 서구와 유사한 사회 구조와 문화를 가지게 되었으며 서구와 같은 수준의 삶을 누릴 수 있게 되었다.

그러나 비서구 근대화는 서구 근대화의 영향을 받았지만, 서구 근대화를 그대로 받아들이지 않고 자국의 상황에 맞게 수정하고 발전시켰다. 또 비서구 근대화는 서구 근대화보다 더 빠르게 진행되었다. 그리고 비서구 근대화는 서구 근대화보다 더 많은 문제를 야기했다.

비서구 근대화는 성공적인 사례도 많았지만, 실패한 사례도 많았다. 성공적인 사례로는 일본과 한국의 근대화를 들 수 있다. 일본은 메이지 유신을 통해 100년 만에 서구 열강의 반열에 올랐고, 한국은 광복 이후 급속한 경제 성장을 통해 선진국으로 발전했다. 실패한 사례로는 아프리카의 많은 국가가 있다. 아프리카 국가들은 식민지 지배에서 벗어난 후 정치적 불안정과 경제적 어려움으로 인해 근대화를 이루지 못했다.

2. 비서구 일본의 근대화

일본의 근대화는 1853년 미국의 페리 제독이 개방 요구를 하면서 시작되었다. 페리 제독은 일본에 통상을 요구했고, 일본은 이를 수용하고 개국하였다. 즉 미국의 강압적 통상조약에 의한 문화접변이 일어난 것이다. 당연히 수용하기까지 저항과 반발 과정이 없었던 것은 아니다. 쵸수한(長州藩)[36]과 사츠마한(薩摩藩)[37]을 중심으로 반발 동맹이 결성되기도 하였고 또 1963년에는 사츠마한(薩摩藩)과 영국군의 전투에서 참패를 당하고 서구 세력의 막강함을 실감하는 과정이 있었다. 결국 일본 사회는 충격으로 국가 및 사회기능 일부가 동요와 부분적 해체가 진행된 것이다. 특정 세력에 저항하여 문화접변을 일으키는 적대적 문화접변에 저항도 있었으나 문화접변에 대한 적응 단계로서 개국 이후 일본은 서구의 문물을 빠르게 수용하기 시작했고, 1868년에는 메이지 유신이 일어나서 봉건제도가 폐지되고 근대 국가가 수립되었다. 즉 메이지 유신이라는 새로운 체제로의 근대국가가 성립된 것이고 이것은 다름 아니라 문화접변에 의한 창조 과정이라고 할 수 있다.

참고로 근세 일본의 권력구조는 제일 상층부에 천황이 존재하였으나 실질적인 권력은 1192년 무렵에 탄생한 실질적 권한을 가진 지방정부 막부(幕府)[38]에 있었다. 쇼군(將軍) 중심의 막부(幕府) 아래 개혁의 주체가 된 지방호족 세력인 다이묘(大名)가 있었다. 그 흐름을 보면 1338년 무렵부터 아스카가(足利) 무로마치(室町)막부, 오다 노부나가(織田信長), 토요토미 히데요시(豊臣秀吉), 도쿠가와 이에야스(德川家康) 등의 막부 장악력이 약화 되며 다이묘 세력이 강화되었다. 1603년 통일 막부 마지막 정권인 도쿠가와(德川)막부는 새로운

36) 현재의 나가사키(長崎)현이고 중심인물은 사이고타카모리(西鄕隆盛)

37) 현재의 카고시마(鹿兒島)현이고 중심인물은 오쿠보토시미치(大久保利光)

38) 미나모토노 요리토모(源頼朝) 중심의 카마쿠라(鎌倉) 막부

문화충돌과 더불어 사무라이 시대의 종언을 고하게 되고 1868년 문화접변에 의한 혁명으로 명치유신(明治維新)을 통해 막부 중심에서 천황 중심 정부로 전환을 이루게 된다.

영화 라스트 사무라이

영화 '라스트 사무라이'는 2004년 출시된 작품으로 일본 근대화의 시작인 메이지유신이 이루어지기 전에 근세 마지막 집권 세력인 막부 사무라이집단과 개혁주도 세력과의 권력 다툼을 그린 영화다. 근세 일본까지 일본 정신문화 가치의 핵심을 이루어 왔던 것이 사무라이 정신이다. 용기와 희생, 명예와 같은 사무라이 정신의 덕목은 근대화의 실용주의에 무너져 간다. 마지막 사무라이의 정신적 지도자 카츠모토 장군(와타나베 켄)에게 사무라이 정신을 버리는 것은 곧 죽음이었다.

메이지 유신 이후 일본은 급속도로 근대화를 이루었다. 1872년에는 의무 교육 제도를 도입하고, 1875년에는 헌법을 제정했다. 또한, 철도와 공장을 건설하고, 군대를 현대화했다. 이러한 노력의 결과, 일본은 1905년에는 러시아와의 전쟁에서 승리하여 세계열강의 반열에 오르게 된다. 이와 같은 과정들은 모두 문화접변 수용과정과 그 이후에 나타나는 적응 또는 재해석의 과정이라 할 수 있다. 문화접변에서 재해석 과정의 결과는 창조로 이어진다.

일본의 근대화에서 새로운 문화 요소의 수용과 재해석의 결과는 다음과 같은 특징을 가지고 있다. 먼저 문화접변으로서 서구 문물의 적극적 수용이 있었고 다음으로 새로운 문화수용 이후 대응으로서 재해석 과정으로서 중앙집권화된 정부 수립, 교육과 언론 진흥, 산업 육성, 그리고 대응으로서의 번역단계로 전통과 문화 보존, 사회적 갈등의 극복 등이 이루어졌다.

일본의 근대화는 서구의 문물을 받아들이는 데서 시작되었지만, 일본 고유의 문화와 전통도 결합 되어 독특한 근대화 과정을 거쳤다. 이러한 독특한 근대화 과정은 일본이 세계에서 독보적인 위치를 차지하는 데 중요한 역할을 했다. 즉 일본이 서구 문화를 수용하는 과정에서 수용 기준이 된 일본의 가치관이 그 기능을 담당한 것이다. 사회적 관습과 일본 고유의 문화와 전통이 그것에 해당한다.

일본의 근대화는 비서구 국가에 큰 자극이 되었다. 일본은 서구의 문물을 받아들이고 그것을 자신들의 문화와 전통과 결합하여 성공적인 근대화를 이룬 최초의 비서구 국가였다. 일본의 근대화는 비서구 국가들에 근대화의 가능성을 보여주었고, 비서구 국가들의 근대화에 큰 영향을 미쳤다. 일본의 근대화는 비서구 국가 중에서 가장 성공적인 사례 중 하나로 생각한다. 일본은 서구 문물을 받아들이면서도, 자신들의 전통과 문화를 보존했다. 또한, 근대화 과정에서 사회적 갈등을 겪었지만, 이를 극복하고 성공적으로 근대화를 이룰 수 있었다. 일본의 근대화는 다른 비서구 국가에 본보기가 되고 있다.

이상의 내용을 근거로 하여 일본은 비서구의 문화접변 사례로서

아시아 유일하게 최초로 근대화 국가라고 할 수 있다. 문화접변의 형태로는 적대적 문화접변으로 규정할 수 있다. 이것은 특정 집단세력(막부)에 대한 저항 형태로서 혁명적 문화접변에 의한 결과였기 때문이다. 적대적 대립은 기득권 세력이었던 존황양이파(尊皇攘夷派)와 개화파의 대립이었고 문화접변의 주도권은 개화파에 있었기 때문에 일본의 근대화는 성공할 수 있었다. 서구의 개항 요구에 대한 자체적 갈등 구조에서 근대화를 향한 의지는 양측 모두 가지고 있었으나 근대화라는 문화충돌에 대한 수용 방법과 과정의 차이가 있었다.

가. 일본문화의 지정학적 특성 -고립-

일본은 역사적으로 외부로부터 1000년 이상 고립되어 있었던 나라 중의 하나라는 특징이 있다. 따라서 일본은 장기간에 걸쳐 강력한 외부의 영향을 받은 일이 없었던 기간이 있었다. 외적에 의한 침략, 유린당한 일이 없었다는 것이다. 이같이 일본은 국외 세계로부터 비교적 고립되어 있었으므로 문화의 이입에 의한 변화가 있었다면 어떤 변화가 일어났을까 하는 가정을 해보면 흥미로울 뿐이다.

세계 문명의 발전은 1%의 독창성과 99%의 차용으로 이루어졌다고 할 수 있다. 그런데 일본은 고립되어 있던 시간이 길었으므로 다른 나라에 비교해 훨씬 더 많은 고유의 문화를 만들어 냈다고 할 수 있다. 그러나 오늘날의 시점에서 보면 일본은 외부로부터의 문화를 차용, 동화하고 변형하여 그리고 새로운 스타일의 독자적인 제도나 문화적 특질을 만들어 내는 문화 형성 메카니즘을 알 수가 있다.

나. 근대화를 위한 바탕 요인

1) 정치·사회제도

중세 일본 봉건주의의 특징은 다음과 같은 정치적 사회적 제도라고 정리한다. 인간의 사회적 지위와 기능이 주로 토지와의 관계로 결정되는 제도로서 그 관계에 있어서는 개인의 재산뿐 아니라 사회적 지위나 정치적 기능까지도 주로 상속 관계로 세습되며 더욱 정치제도가 보통 영지를 분할 부여함으로써 생기는 개인적인 충성 관계 위에서 성립하는 제도다.[39] 중세 무로마치 시대 후기부터 에도시대의 중앙집권적 제도가 작동된 시대가 일본식 봉건제도의 정점이었다고 할 수 있다. 서양의 봉건주의가 근대화를 통하여 일대 변혁을 이루었듯이 일본 봉건주의 역시 서양의 사례와 같이 근대화를 통하여 커다란 성공을 이루었다는 것이고 이것은 서양을 제외한 지역에서 유일한 사례라고 하는 점이 특징이다.

정치 영역에서의 일본 근대화의 교훈은 경제 분야와 같이 시종 일관된 성공을 거두어 왔다고는 말하기 어렵지만 그래도 비서양 여러 나라에 대해서는 몇몇 귀중한 교훈을 남기고 있다.

그 하나는 현대의 민족 국가에는 비록 강력한 국가 의식이 필요하다고는 하지만 분방한 내셔널리즘이 중대한 위험을 초래할 수 있다고 하는 것이다. 실제로 비서구의 근대화에 성공한 일본도 강한 내셔널리즘이 국가 경영에서 지배적인 이념으로 작용하였고 종국으로

---

39) 라이샤워, 『일본 근대화론』, 한림신서, 1995, p29

는 2차 대전을 일으키는 과정으로 이어졌다.

또 다른 교훈으로서 한 나라의 문화적인 배경이 어떤 것이든 그 나라가 근대화함에 따라서 다른 근대화된 나라와 같은 문제가 일어난다고 하는 것이다. 왜냐하면 비서구의 근대화는 서구의 근대화를 모방하여 이루어진 것이고 다만 그 과정이 짧은 시간에 완성되었다는 차이만 있을 뿐이므로 앞서 근대화한 서구와 같은 문제가 일어난다는 것이다.

근대화에 따른 문제는 실로 우리의 윤리관에 이르기까지 모든 문제를 포함하고 있다. 일본 근대화의 선각자들은 중국이나 기타의 아시아의 근대화의 추진자들과 같이 서양의 기술을 들여와도, 동양의 윤리는 잃지 않는다는 이상을 관철하려고 하였지만, 근대화를 성취한 오늘의 일본은 근대화한 서양의 여러 나라들과 같이 전형적인 현대 문제에 고민하고 있다.

2) 지식인 역할과 국가 의식

일본의 근대화 과정에서 또 하나의 특징으로서 지식인 집단의 역할에 주목할 필요가 있다. 상대적으로 19세기의 중국에서 근대 지식인의 역할과는 비교할 만한 점들이 있었다.

먼저 일본 관동지역에서 태어난 시부자와 에이이치(澁澤榮一, 1840-1931)가 하나의 사례였다. 막부(幕府) 마지막 혼란기에 그는 사무라이(武士)가 되었으며, 초기의 메이지 정부의 관리가 되어 전도가 유망한 정치가로서 출발하였다. 그러나 그는 일개 시민 또는 일개 사업가로서 그리고 실제로 근대 기업의 일대 지도자로서 일본의 근대화에 유례가 없는 공헌을 한 것이다. 이와 대조적으로 중국 제국(帝國) 후기에서 산업 개발에 큰 힘이 되었던 인물들은 관리의 지위에 집착하였으며, 또 자신의 기업을 정치적 야심에 예속시킴으로써 중국 근대화가 저하하는 결과를 초래하였다.

그에 비해 정부 외의 지위를 선택한 다른 일본인도 볼 수 있다. 정부 밖에서 목적을 달성하는 것에 만족한 일본인의 수는 많으며, 어떤 자는 실로 전도가 유망한 관직을 사직하면서까지 목적하는 것을 추구하였다.

일본의 근대화에 중요한 역할을 마친 인물 중에는 19세기의 중국에서 그 유형을 발견하기 어려운 인물이 존재한다. 예를 들면 이와사키 야타로(岩崎 太郞)는 무사 가문(武家)에서 태어나 상인(商人)을 지향하여 해운왕으로서 명성을 떨쳤으며, 일본의 근대화에 큰 공을 세운다. 또한 시부사와 에이이치는 실업가로서 메이지 유신 후 오쿠라쇼(大藏省)에 진출하여 후에 제일국립은행(第一國立銀行), 왕자제지(王子製紙), 오사카방적(大阪紡績) 등을 창립하였으며, 기타 여러 산업의 경영에도 관계하여 경제 환경을 형성하였으며 교육·사회사업에도 진력하였다.

당시 일본의 지식인을 대표하는 유학생의 운명에서도 차이를 보인다. 해외에 유학 후 귀국한 야심에 찬 이 두 나라의 청년을 생각해 보자. 근대적인 자기 나라의 교육제도가 없어서, 사전 준비가 없었기 때문에 19세기 후반에 해외 유학을 한 일본과 중국의 학생은 의사소통과 환경 적응에 있어서 저마다 같은 정도로 어려운 문제에 직면한 것이었다.

그러나 해외의 지식과 기술을 섭취하려고 한 초기의 노력에서는 일본은 주어진 기회를 훨씬 효과적으로 이용한 것이다. 일본에서부터 해외에 파견된 이들 학생 중에는 조슈모리(長州毛利)藩의 이토 히로부미(伊藤博文)[40]라든가 이노우에 가오루(井上馨)[41]가 있었는데, 그들은 단기간을 해외에서 보낸 후, 획득한 지식을 이용해서 일본 근대화의 중심적 인물이 된 것이다. 일본사의 연구가들은 보통 이 사실 속에 특히 놀랄 만한 것이 있음을 인정하지 않는다.

반면에 중국에서는 청년이 해외로 나가기는 쉬웠지만, 일단 조국으로 돌아온 후 그들은 중요한 역사적 인재가 되는 일 없이 그대로 소멸해 버리는 것이 대단히 일반적이었다. 융윙(容閎)[42]이나 그가 인솔한 유학생이 귀국 후 걸었던 운명은 19세기에 있어서 이러한 종류의 시도가 비참한 결과로 끝나 버렸음을 나타내는 것이다.

그리고 이상에서 본 듯이 일본의 지식인들이 공통으로 가지고 있었던 것이 있었다. 그것은 19세기의 일본은 갖추고 있었지만 다른

---

40) 이토 히로부미(1841~1909): 정치가. 조슈(長州: 長門(나가토) 지방. 현재의 야마구치(山口) 서북부) 사람. 討幕運動에 활약. 메이지 정부에 참여, 제정, 天皇의 등을 ·立憲政友會總裁 확립에 진력, 초대 수상역임을 4차례 하였으며, 그간 淸日戰爭을 수행. 초대 한국통감(韓國統監, 1905~1909). 하얼빈에서 安重根 義士에 의해서 피살.

41) 이노우에 가오루 (1835~1915) : 정치가, 조슈 사람. 극단적인 유럽화 정책을 추진하였다.

42) Rong-hong(漢語併音) : 마카오 태생. Morison School에서 수학, 미국인 브라운을 따라서 도미, Manson Academy에서 수학. Yale University 졸업. 귀국 후 다시 학습 소년들의 서양 유학을 주장하여 중국 정부가 미국으로 유학생을 파견토록 진력. 저서에 『西學』 등이 있음.

비서양 여러 나라에서는 없었던 특별한 요인이 있었다. 그것은 당시 일본이 갖고 있었던 강한 국가 의식이다. 그러나 비서양 여러 나라는 모두 20세기에 들어와서 비로소 높은 국가 의식을 갖게 되었다. 이 밖에도, 일본의 근대화에 공헌한 요인으로서 봉건제도의 유산이 있었다. 그리고 유럽과 일본에서는 법률적인 권리나 의무에의 강한 관념, 강력하며 진취적인 기상이 풍부한 기업 정신, 의무감 그리고 구체적인 업적을 추구하는 윤리관 등이 명백히 근대화를 크게 도왔던 요인이 되고 있다.

3) 교육의 보급과 공업화의 과정

교육의 보급과 공업화 과정도 일본 근대화의 배경이라고 할 수 있다. 당시 일본에는 문자를 읽고 쓸 수 있는 사람이 많았으며, 교육에 대한 강한 일반적인 의욕이 있었다는 점이다. 실제로 에도시대 일본의 읽기·쓰기의 능력은 아시아의 어떤 지역보다도 우수하였으며, 그 무렵 유럽의 수준에 필적하는 것이었다고 생각된다. 더욱이 메이지 정부는 학교 교육과 읽기·쓰기의 능력의 보급에 큰 노력을 기울였다. 이처럼 교육제도는 메이지의 중반까지에는 확고한 기초를 세우게 된 것이지만, 이러한 기초가 성립되어 있지 않았다면 교육 이외의 분야에서 일본의 근대화가 과연 성공할 수 있었을지라는 의문이 든다.

이 밖에도 공업화에 관한 일본의 경험에서 배울 수 있는 교훈이 또 하나 있다. 그것은 일본 정부는 여러 형태의 공업화를 솔선하여 실행하였지만, 그러나 한편으로는 경제발전에 있어서 민간의 적극적인 역할을 대폭으로 허용하고 있었다는 것인데, 일본 공업화의 태반은 실로 민간의 적극적인 역할에 의하여 가능하게 된 것이다.

3. 비서구의 근대화 -조선-

19C에 불어닥친 근대화라는 문명충돌 과정에서 아시아에서 일본이 유일하게 근대화에 성공한 근대 국민국가였다. 근대화 즉 서구화를 추진하는 집단 세력의 충돌과정에서 일본의 경우는 적대적 문화접변의 중심세력이 지방 호족인 다이묘에 의해 하부로부터 주도적으로 이루어졌다. 기득 세력이었던 상층부 막부(幕府) 중심의 체제를 무너뜨리고 근대화에 성공한 사례라고 할 수 있다. 그렇다면 같은 아시아권에 있는 조선은 어떻게 근대화라는 문화변동을 수용하였는지 살펴보아 일본과의 차이점을 밝혀보기로 한다.

청나라가 남경조약(1842)으로 서구로부터 개항을 요구받았고 일본이 미일 화친조약(1854)으로 개항하면서 근대화라는 파도를 접하게 된 것 같이 조선의 경우도 일본보다 뒤늦게 강화도조약(1876)에 의해 개항을 하게 되는 공통적 상황에서 출발한다. 이른바 급진개화파인 김옥균, 박영호 등이 주도하여 청나라로부터의 조선 독립과 근대화를 도모하려던 갑신정변(1884)과 부패한 수구세력과 청나라 등의 외세에 항거하며 일어난 민중의 무장봉기 동학혁명(1894)의 실패는 근대화의 주도 세력 및 동력원을 상실하는 결과로 이어지게 된다. 결과는 청과 일본에 의한 종속적 개항을 할 수밖에 없어서 자주적 근대화는 실패하고 말았다. 서구중심의 근대화를 두고서 아시아 한·중·일 3국은 문화수용의 과정, 형태가 각각 상이했다는 것이다. 그러한 차이는 근대 이후의 국가 발전과 직접적 영향을 준 것으로 평가할 수 있다.

조선의 근대화 운동은 1880년대부터 시작되었으며, 서양의 문물을 받아들여 조선을 근대화하려는 운동이었다. 18C 초부터 시행되었던 쇄국 정치에서 벗어나 개화 운동은 김옥균, 박영효, 서재필 등이 주도한 1884년 갑신정변으로 절정에 달했지만, 3일 만에 실패로 끝났고 개화파는 일본으로 망명하였다.

문화접변의 과정에 관점을 두고 각각의 과정을 보기로 한다. 먼저 평온한 상태의 조선말에 근대화라는 새로운 문화 요소로 문화충돌이 발생한다. 부분적으로 조선 정부의 동요와 해체가 발생하여 불안한 정국으로 변한다. 이에 대한 수용과 적응 자세로서 등장한 것이 일부 기득 세력에 의한 쇄국, 수구적 개화 그리고 개혁적 갑신정변이다.

갑신정변의 주역들

갑신정변에서 고종의 명의로 14개조 개혁 조서 반포하는데 그 내용은 의정부 설치 및 6조를 두어 중앙집권 체제의 강화, 군대 정비 및 근대식 무기 도입, 학교 설립으로 교육 장려, 상공업 발전으로 경제 활성화 도모, 외국과의 교류 확대 및 국제사회에서의 위상 높이기 등이다. 이 내용은 조선이 그 시대조류를 반영하여 근대화라는 새로운 문화접변에서 적응과 재해석하는 과정이라고 할 수 있다.

그러나 조선말의 문화접변은 그 적응과정과 여건이 완전치 못한 상태에서 이루어졌다. 그러므로 문화접변 이후 과정인 적응 및 재해석 그리고 번역과정의 전개 양상에 있어서 일본 근대화 과정과의 차이점을 드러낸다. 무엇보다도 커다란 차이점은 문화접변을 주도하는 주체세력의 차이였고 다른 하나는 지지기반의 강약에 의한 차이였다. 일본은 변화 주도 세력이 다이묘라는 하층부 세력에 의해서 이루어졌으므로 지지기반이 확고하였으나 조선은 상층부의 소수 지식인 세력이 주도하면서 일반 백성들의 지지를 받지 못한 점을 들 수가 있다. 또 하나 다른 점은 일본이 근대화 주체세력은 미국, 영국 등 서구 나라로부터 근대화를 위한 지원을 받아 수구 막부(幕府) 세력보다 월등한 힘을 갖추고 있었기에 적대적 문화접변이 성공할 수 있었다. 그런데 조선 갑신정변의 주도 세력인 김옥균 등은 일본으로부터 재정적 군사적 지원을 받았으나 일본의 배신으로 실질적인 외국으로부터의 약속된 지원을 받지 못한 것도 실패 원인의 하나다.

일본의 적대적 문화접변은 일반 민중의 지지를 받은 하층부 다이묘 개화 세력이 근대화의 주도권을 잡고 수구세력인 막부를 무너뜨리는 결과로 메이지유신이라는 성공적인 문화접변을 이루어냈다. 반면에 조선은 소수의 개화 세력이 여러 집단으로 분열되어 수구세력과의 경쟁적 근대화를 추구하면서 더욱이 민중의 지지를 받지 못한 실패로 이어지는 결과로 나타났다. 그리고 또 하나의 변수는 외세의 개입이라는 원인이 존재한다. 외교적으로 취약했던 조선은 청나라의 지배와 피지배라는 관계에 있었으므로 조선의 자체적 개화는 청나라의 간섭과 개입이라는 변수가 계속해서 존재하였다. 갑신정변이라는 개화 운동도 청나라를 배제하고 근대화 과정을 추구하려던 시도였으나 청나라의 반발과 저항을 극복하지 못한 것이다.

그 배경적 원인을 다시 정리하여 보면 첫째, 개화파의 기반이 취약했다. 둘째, 개화파의 개혁안이 급진적이었다. 셋째, 개화파의 지도력이 부족했다. 넷째, 청나라의 개입이 있었다.

갑신정변은 조선이 근대국가로 나아가는 데에 큰 계기가 되었고, 청일전쟁의 발발 원인이 되기도 했다. 근대화라는 문화변동 요인을 두고서 조선이 취했던 과정에서 일본과의 차이점을 통하여서 문화접변에서 문화 수용자의 수용 자세와 태도에 따라 결과는 너무 다르게 나타난 것을 알 수 있다.

오늘날 중층적인 환경 아래에서 살아가고 있는 우리에게 문화변동이 발생하고 그 접변 과정에서 어떤 수용 태도를 할 것인가에 대해 시사해주는 바가 크다고 할 수 있다.

XIII
문화운반자의 어제와 오늘

문화접변을 일으키는 주체는 다양하다. 대표적인 주체로서 사람, 자본, 사물 그리고 정보의 이동에 의한 문화접변이 가장 일반적이라고 할 수 있다. 이것을 통합적으로 말하자면 문화운반자(Culture Carriers)라고 한다. 오늘날 수많은 사람이 국경을 넘어서 이동을 하는 과정에서 각각 다양한 문화 요소를 전파하거나 수용하기도 한다. 그렇다면 문화생성의 주체인 인간의 이동에 의한 국가 간의 경계가 국경이라고 한다면 문화의 국경은 존재하는 것일까?

오늘날의 문화운반자는 작가, 예술가, 음악가, 배우, 요리사, 스포츠 선수, 정치인, 기업인 등 다양한 분야에서 활동할 수 있다. 문화운반자는 자신의 작품, 공연, 제품, 서비스 등을 통해 다른 문화권 사람들에게 자신의 문화를 소개하고 또 다른 문화권 사람들과 교류하고 협력함으로써 문화적 이해와 상호 존중을 증진하는 데 기여하고 있다. 따라서 문화운반자는 문화의 발전에 중요한 역할을 한다.

근대화라는 문화변동 과정에서 인간에 의한 문화 운반이 가장 활발하게 일어난 것을 각각의 사례를 들어 살펴보기로 한다.

1. 문화운반자 유학생 중국의 옌푸[43]

옌푸(1854-1927)

전형적인 문화운반자로서 유학생과 고용외국인을 생각할 수 있다. 유학생은 문화수용자로서 특정 문화 요소를 찾아서 의도적으로 파견하는 대표적인 문화운반자다. 대개 문화수용자로서 필요한 문화 요소를 적극적으로 수용하려는 자율적 문화접변에 해당하는 경우다.

그 전형적 문화수용 경로가 된 것은 근대화 과정이었다. 중국의 옌푸는 1853년 후젠성(福建省) 출신이다. 그 시점은 아편전쟁 10년쯤 지난 이후였고 당시 아직 근대 중국 지식인들이 전반적으로 중국의 위기를 인식하지 못하고 있던 때였다. 이런 위기를 자신의 위기로 느끼게 된 것은 청일전쟁(1894)에서 패배하고 나서였다. 따라서 옌푸도 14세까지는 유교식 교육을 받았지만 하는 수 없이 서양 학문의

43) 옌푸(嚴復, 1853~1921) 청나라 말 사상가이자 번역가, 교육자

길로 들어섰다. 옌푸는 영어로 수업을 진행하는 선정학당(중국 최초 해군항해학교)에서 5년간 공부했고 1회 졸업생이 되었다. 영국인 해군 트레이시(Tracey)의 추천으로 1877년 영국 그리니치 왕립 해군학교에 유학했다. 해군학교 유학생이었지만 그의 관심은 이미 실용 지식의 범위를 벗어나 '서구가 특히 대영제국이 부강하게 된 비결은 무엇인가'라는 데 관심을 보였다. 옌푸는 영국의 정치·경제·사회·사상 등 제도 전반에 대해 집중하였다.

유학 후 1879년 후저우에 있는 선정학당의 강사, 1880년 북양수사학당(베이양 해군학교)의 교수, 1890년에는 총장까지 지내면서 영국 유학에서 접한 서양 문화의 모든 것을 가르쳐 전하는 역할을 담당하였다. 청일전쟁 이후부터 번역과 시사적인 글을 통해 서양 문화전달자와 중국 청나라 개화 선봉자로서 역할을 하기 시작하였다.

1895년 청일전쟁에서 패하자 국제사회 속에서 살아남기 위해서는 중국이 제도적으로 변화할 것을 주장했다. 이어서 1896년에서 1909년 사이 옌푸는 다윈의 '진화론' 스미스의 '국부론', 스펜서의 '사회학', 몽테스키외의 '법의 정신', 밀의 '논리학 체계', 밀의 '자유론' 등을 번역하여 중국에 알린다[44]. 종전까지의 중국사상의 근간이었던 유교의 윤회론적 사고에서 서양의 사상들을 중국에 전파하기 시작한 것이다. 그 중 옌푸가 강조한 사회진화론의 번역 출판 이후 '생존경쟁' '적자생존' '우승열패' '약육강식' 등의 단어가 지식인들에게 일상용

44) 당시 해당 근대사상 명저들이 서양 또는 영국이 부강하게 된 근간이었다고 판단했던 배경에서 번역을 시도함.

어가 되다시피 했다. 그만큼 옌푸의 사회진화론 소개가 중국 사회에 반향이 그만큼 컸다는 것이다. 이것은 근대화 과정에서 옌푸가 문화전달자로서 서양의 사상을 중국에 전달한 문화운반자의 첫 시도였다. 중국 지식인들에게 옌푸의 번역 작업을 계기로 1840년 아편전쟁에서 중국이 패한 것은 자본주의 체제에 동북아시아 지역이 강제 편입된 것과 동시에 서양문명이 유교 문명에 대해 위협을 개시했다는 것을 깨닫게 한 것이라고도 할 수 있다.

옌푸가 진화론을 소개한 직접적 계기가 된 것이 청일전쟁에서의 패배였고 그 어느 사건보다도 큰 충격이었다. 옌푸는 일본이 서양의 군사 과학기술을 수용하여 전쟁에서 승리한 것으로 생각했다. 서양의 군사 과학기술이 월등함은 서양의 사상과 학술이라는 이른바 형이상학에서 비롯되었다고 수용한 것이다. 이는 서양의 뛰어난 점이 형이하학적이고 공리적인 것에 있다고 하는 기존 중국 양무파의 중체서용(中體西用) 발상에 대한 거부임과 동시에 비판이었다. 옌푸는 자신이 직접 서양문명과의 접변을 통해 체험하고 그 원천적 강함의 근거를 인식하고 중국에 문화전달을 하려고 한 것이다.

청일전쟁의 패배는 옌푸에게 단순히 치욕적이라는 감정적 단계를 뛰어넘어 일본과 서양의 부강, 그리고 반대로 중국 약세의 근원은 어디에 있는가 하는 반성적 진단을 하게 만들었다. 옌푸는 양무파와는 달리 문명과 국력의 강약은 결코 별개가 아니라 밀접한 관련이 있다는 사실을 인식하게 되었다. 옌푸는 서양과 중국의 사고방식과 학술의 차이, 자유와 민주의 보장 등이 개인과 사회의 동기와 에너지가 충분히 발휘될 수 있는 바탕이 된다고 보았다. 옌푸가 중국

사회를 해명하기 위한 입론의 근거를 적자생존과 유기체를 강조하는 허버트 스펜서[45]에서 발견했다고 할 수 있다.

이같이 옌푸는 서양의 사상들을 중국에 접목하면서 근대화 과정에서의 중국의 변화를 추구한 지식인으로 또 문화운반자의 역할을 담당하였다. 유학생 옌푸처럼 고용외국인도 문화운반자로서 역할과 기능을 담당하게 된다. 분야가 유사한 조선인 국비유학생으로서 김양한은 일본 요코스카 조선소에 들어가 조선 기계 설계 및 항해술을 익혀 1883년 졸업증서를 받아 문화운반자의 역할을 이행한다.

2. 조선 최초 유학생 유길준

유길준(1856~1914)

유길준은 조선의 개화파 지식인으로, '문화운반자'라고 할 수 있다. 조선 최초의 국비유학생으로 위에서 언급한 중국의 옌푸처럼 일본과 미국에서 유학하고 조선에 돌아와 서구 문물을 조선에 전파한 문화전파자다.

45) 19세기 영국의 사회학자이자 철학자 허버트 스펜서(Herbert Spencer, 1820~1903) 찰스 다윈의 진화론을 사회학에 적용한 자유진화론의 창시자. 스펜서는 사회가 생물과 같은 자연의 법칙에 따라 진화한다고 주장했다. 즉, 사회는 가장 강한 자와 가장 적합한 자가 살아남는 생존경쟁을 통해 발전한다고 보았다. 스펜서의 자유진화론은 자본주의를 옹호하고 사회주의를 비판하는 데 사용되었다.

1870년 박규수(朴珪壽)의 문하에서 김옥균 · 박영효 · 서광범 · 김윤식 등 개화 청년들과 실학사상을 배우면서 해외 문물을 습득하였다. 1881년 박규수의 권유로 어윤중의 수행원으로 신사유람단[46]에 참가하며 우리나라 최초의 일본 유학생이 되었다. 이 때 일본의 문명개화론자인 후쿠자와(福澤諭吉, 1835~1901)[47]가 경영하는 게이오의숙(慶應義塾, 오늘날의 케이오대학)에서 수학하였다.

1882년 임오군란이 일어나자 민영익의 권유로 학업을 중단하고, 1883년 1월에 귀국하였고 다시 1883년 7월 보빙사(報聘使) 민영익의 수행원으로 미국으로 건너갔다. 그곳에서 일본 유학 때에 알게 된 생물학자인 다윈(Darwin, C.)의 진화론에 대해 개인지도를 받았다. 1884년 담머고등학교에 입학하여 우리나라 최초의 미국 유학생이 되었다. 1884년 갑신정변이 실패했다는 소식을 듣자, 12월에 학업을 중단하고 유럽 각국을 순방한 뒤 1885년 12월 귀국하였다.

유길준이 실학사상을 배우면서 다윈의 진화론을 접하여서 강한 서구 열강의 사상적 배경인 사회사상을 통해 동양 사회사상과의 차

46) 조선 고종 18년(1881)에 새로운 문물제도의 시찰을 위하여 일본에 파견한 시찰단. 시찰단은 전문 위원인 열두 명의 조사와 그 수행원을 합쳐 모두 60여 명으로 구성되었다.

47) 에도·메이지 시대의 계몽 사상가. 봉건 시대의 타파와 서구 문명의 도입을 주장하였다. 특히 자연과학과 국민계몽의 중요성을 강조하여 일본이 근대로 나아가는 데 큰 역할을 하였다. 언론인이자 저술가로서도 유명하며 그의 대표저작 『학문의 권장』, 『문명론의 개략』 등은 당대를 대표하는 베스트셀러가 되어 사회적으로 큰 영향을 끼쳤다. 반면 '탈아론'의 표명은 동아시아 국가들에 대한 제국주의적 침략 태도를 정당화하는 논리로 이어졌다. 일본 케이오대학의 창시자이기도 하다.

이점을 인식하였을 것이다. 그로 인한 영향이 조선에 귀국한 이후 전개되는 실용적 개화사상 전파 활동에 깊은 영향을 미쳤을 것이다.

1895년에 『서유견문(西遊見聞)』을 출판하였는데 국한문혼용체로 총 10장으로 서술된 이 책에서 서양의 근대 문명을 한국에 본격적으로 소개하는 한편, 한국의 실정에 맞는 자주적인 개화, 즉 실용적 개화를 주장하게 된다. 무엇보다도 미국의 발전된 문물을 소개하며, 당시 지식인에게 조선도 미국과 같은 문물을 받아들여야 한다고 주장했다. 그는 특히 교육, 언론, 군사, 경제 등 분야에서 미국의 발전된 문물을 조선에 도입해야 한다고 강조했다. 서유견문은 당시 조선의 지식인들에게 미국의 발전된 문물을 알게 해 주었고, 조선의 개화 운동에 큰 동기를 부여한 책이다.

유길준은 개화에 대해 정의하기를 인간사회가 '지극히 선하고 아름다운 상태에 도달하는 것'이라고 하였다. 또한 역사 사관에 대하여도 다윈의 진화론에 근거한 역사진화론을 인용하여 미개화-반개화-개화의 단계를 거쳐 진보한다는 문명진보 사관을 제시하였다. 유길준의 문명진보 사관은 종래의 전통적인 사관을 비판해 문명의 진보를 주장했다는 점에서 커다란 의의를 지닌다.

유길준의 개화사상은 다음과 같은 다양한 사상과 영향을 주고받은 결과로 볼 수 있다.

- 19세기 초 일본이 서양 열강과 통상조약을 맺고 경제와 문화를 발전시켜야 한다는 정치사상인 실학으로서의 통상개국론(通商開國論),

- 19세기 후반 청나라 말기에 관료들의 주도로 이루어진 군사 중심의 근대화 운동으로 서양 문물을 수용하여 부국강병을 이루려 하면서도 봉건체제를 유지하고 보강하려 했던 청나라의 자강 운동인 양무(洋務).
- 조선 정조시대 이익이 성호사설을 통해 법 개정으로 사회를 개선하려는 주장을 펼친 변법론(變法論)
- 19세기 중반 일본에서 일어난 근대화 운동의 하나로서 서구 문물을 받아들여 부국강병을 도모하려 한 개혁론 즉, 1868년의 메이지유신과 같은 일본의 문명개화론
- 인간이 태어날 때부터 자연적이고 보편적인 권리를 갖는다는 서구의 천부인권론(天賦人權論)
- 국가와 인간의 관계를 설명한 사회계약론(社會契約論) 등 동양과 서양의 다양한 학문에 영향을 받아 형성되었다고 할 수 있다.

유길준의 개화사상의 구체적 내용은 입헌군주제의 도입, 상공업 및 무역의 진흥, 근대적인 화폐 및 조세제도의 수립, 근대적인 교육제도실시 등을 들 수 있다. 유길준의 개화사상에 나타난 이러한 개혁론은 갑오개혁의 이론적 배경이 되었다고 볼 수 있는데 이와 같은 개화사상의 바탕은 일본과 미국에서의 해외 유학을 통한 경험이었다는 것을 부정할 수 없다. 결국 유길준은 19세기 조선의 최초 유학생으로서 근대화라는 문화변동 가운데 서구 문물을 경험하고 조선에 돌아와 서구 문물을 전파하려고 한 문화전달자였다.

3. 문화전달자 식민지 행정관

식민지 행정관은 식민지 지배국의 권익을 위해 식민지를 관리하는 역할을 담당한다. 그들은 식민지의 법과 질서를 유지하고, 식민지 자원을 착취하는 임무를 수행한다. 무엇보다도 식민지 행정관은 식민지 주민에게 식민지 지배국의 문화를 전파하는 역할도 수행한다. 이는 식민지 주민들을 식민지 주민에게 언어, 종교, 습관 등의 동화교육을 하여 식민지 지배를 쉽게 유지하기 위한 정책이다. 동화교육의 이면에는 피식민지국 문화를 말살하여 식민 지배 국가의 문화를 이식시키려는 의도가 담겨있다.

문화전달자 식민지 행정관의 사례 중 하나는 프랑스의 장 바티스트 라 콜롱비에[48]다. 라 콜롱비에는 16세기 후반에 북아메리카를 탐험한 탐험가로, 그는 프랑스의 식민지 개척에서 아메리카 원주민들에게 프랑스어와 가톨릭교를 가르치며 식민지배 국가인 프랑스 문화를 전파하는 역할을 하였다. 또한 프랑스는 19세기 중반부터 20세기 초반까지 인도차이나반도를 식민지로 지배하며 식민지 주민들에게 프랑스어 교육, 학교 설립, 건축, 예술 분야 등에서 프랑스 문화를 전파하려고 하였다.

이토 히로부미는 일본의 정치가이자 외교관으로, 한국의 초대 통감이었다. 그는 예일대학 법학박사로서 일본의 메이지 유신에 참여

48) 장 바티스트 라 콜롱비에(Jean-Baptiste La Colombière, 1667-1716) 프랑스 예수회 선교사 일원.

이토히로부미(1841-1909)

하여 초대 내각총리대신 등 일본의 근대화에 큰 역할을 했으며, 조선을 식민지로 삼고 초대 통감으로서 일본의 근대 문화를 한국에 전파한 문화운반자이다.

이상에서 보듯이 서구 열강 국가에 대항하여 식민 지배 국가들은 자국의 식민지령을 확보하고 지배하기 위해서는 경제적인 착취뿐만 아니라 식민지 현지 경영을 해야만 했다. 그리하여 식민지 행정관이 본국에서 파견되었다. 영국, 프랑스 독일 등은 인도나 아프리카 등 식민지령에 행정관을 파견하여 식민지 행정의 결실을 거두고자 했다. 일본도 뒤늦게나마 식민지 경쟁, 제국주의 경쟁에 참여하여 대만과 조선, 만주에서 식민지 행정을 하였다. 대만의 식민지 행정은 잘 이루어졌고 일본은 식민지 선배국가들로부터 칭찬을 받기도 했다.

식민 국가들은 식민지 행정에 성공하기 위해서는 서양의 선진 법률과 기술을 현지에 보내면 된다고 생각했다. 후진 문화가 뒤떨어진 지역에 선진적인 문명을 들여보내면 된다는 문화진화론적 사고로 현지 주민의 문화 변화를 촉진하고자 했다.

이토 히로부미도 문화진화론적 사고로 미개한 조선을 문명화한다는 사명감에서 조선 병합을 하려고 했을 것이다. 또 일본 근대 대표적 국비 유학생인 후쿠자와도 서구 학문을 접하고 나서 서구화 즉 일본 근대화를 위해 문화전달자의 역할을 충분히 담당한 사례에 포함된다.

4. 문화운반자 선교사

근대화 시대의 대표적 문화운반자로서 선교사도 중요한 역할을 하였다. 18C 말부터 제국주의와 더불어 식민지주의가 팽창하는 과정에서 선교사는 식민지주의의 선구자적 역할을 감당하였다. 본래의 목적인 선교의 기능과 더불어 식민지 개척에 앞장을 서는 역할을 하였다.

로버트 토마스(1839-1866, 미국 개신교 선교사)는 중국에서 선교활동을 하다가 조선으로 입국하여 선교활동을 전개한다. 그 과정을 문화접변의 관점에서 살펴보고자 한다. 그는 한국에 온 최초의 선교사 중 한 명으로, 한국어를 배워 복음을 전파하려고 한국의 문화와 역사에 관한 연구에도 관심을 가졌다.

로버트 토마스 선교사(1840-1866)

1865년 중국에 머물던 토마스 선교사는 백령도에서 조선어 어학훈련을 하면서 조선사람과 접촉을 하여 조선인들에게 성경 200권을 전달한다. 1866년(고종 3년)에는 병인박해[49]를 통하여

49) 병인박해는 1866년 조선 말기 흥선대원군 정권에 의해 벌어진 대규모의 천주교 탄압을 말한다. 병인사옥이라고도 하며, 1872년까지 6년간 진행된 탄압으로 당시 8천여 명이상의 평신도와 프랑스 파리 외방전교회 출신의 선교사 등이 처형되었다. 병인박해의 원인은 여러 가지가 있다. 첫째, 천주교가 조선의

천주교인이 대량 순교를 당하는 사건이 발생하였다. 그러는 가운데 1866년 제너럴셔먼호 사건이 발생한다. 평양감사(박규수)는 화공으로 제너럴셔먼호를 공격하여 선원 모두가 몰살당하였다. 제너럴셔먼호에 토마스 선교사는 통역관으로서 조선에 입국하는 과정이었고 이 사건으로 토마스 선교사는 27세에 순교를 당하게 된다.

조선인 군인 박춘권은 토마스 선교사가 전해준 성경을 읽고 뒷날 개신교로 개종하고 되었고 뒷날 평양교회 장로가 되었다. 토머스 선교사의 전도라는 문화운반자의 역할이 결과를 맺은 결실이었다. 요약하자면 토마스 선교사의 순교는 문화운반자로서 한국인들에게 복음의 진리를 전파하는 역할을 하였고 그의 순교는 한국의 역사에서 중요한 사건으로 기록되고 있다.

5. 문화운반자 매스미디어

CNN 로고

오늘날 글로벌 사회는 마치 하나의 통합체로 된 듯이 문화전파가 이루어진다. 세계의 곳곳에서 발생하는 수많은 일이 매스미디어를 타고 전 세계로 순식간에 전파되는 시대다. CNN, 트

유교적 질서를 위협한다고 생각한 흥선대원군의 반감. 둘째, 천주교가 프랑스의 전파 수단으로 이용될 수 있다는 우려. 셋째, 서양 열강의 침략에 대한 위기감이 있었다.

윗, 인스타그램, 카카오톡, 위챗, 유튜브 등 방송매체와 미디어 플랫폼은 오늘날 문화운반자의 기능을 충분히 감당하고 있다. 이 같은 매스미디어의 특징은 국가의 국경을 넘어서 이루어진다는 것이다. 영토적 국경은 분명하고 강하지만 문화적 국경은 이미 그 경계를 잃고 있다. 그것이 곧 문화의 특성이라고 할 수 있다.

오늘 이 순간 진행되고 있는 우크라이나 전쟁은 매스미디어를 통해 거의 실시간 전파되고 있고 그로 인한 문화 변화를 전 세계인이 실감하며 누리고 있는 것이라고 할 수 있다.

매스미디어의 문화전달자로서의 특징은 실시간 문화전파 능력이 있다는 점, 국경 없는 확장성이 있다는 점, 긍정적인 의미로 문화창조에 기여하는 점, 부정적 문화파생으로 사회정서를 파괴하기도 하는 점 등이 있다. 부정적 의미의 구체적 내용은 사실을 왜곡하거나 거짓을 전파하여 왜곡된 문화 변화를 불러오게 하고 문화 주체인 특정인은 피해를 맞이하는 경우가 있다.

이상을 정리하여 보면 문화 변화의 주체로서 문화운반자는 사람에서부터 매스미디어까지 그 주도자는 다양하게 정의할 수 있다.

키워드 일람

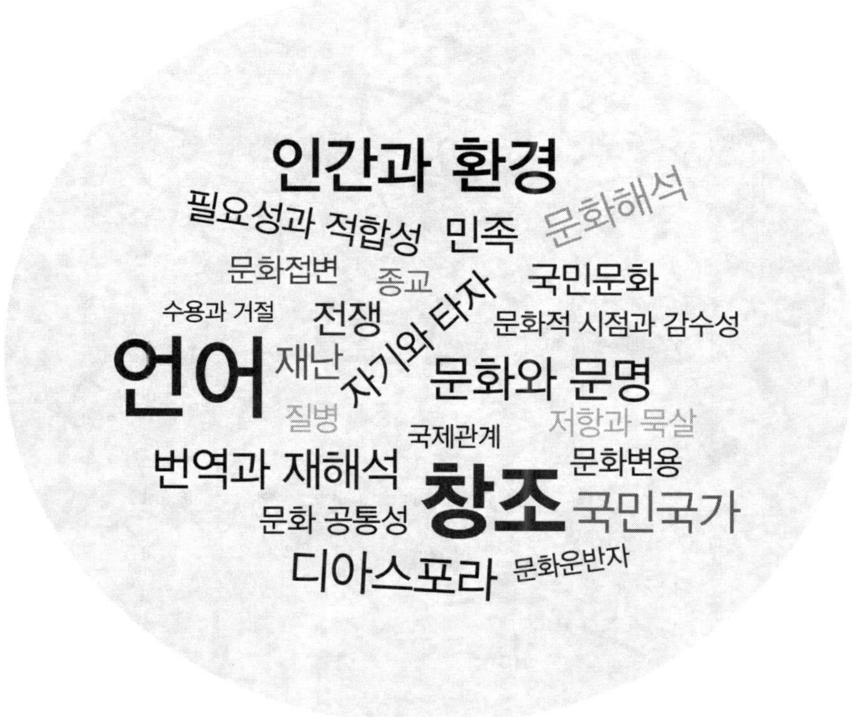
인간과 환경
필요성과 적합성
민족
문화해석
문화접변
종교
국민문화
수용과 거절
전쟁
자기와 타자
문화적 시점과 감수성
언어
재난
문화와 문명
질병
저항과 묵살
국제관계
번역과 재해석
창조
문화변용
국민국가
문화 공통성
디아스포라
문화운반자

참고문헌

김재용,『협력과 저항』, 소명출판, 2004

역사문제연구소,『한국의 근대와 근대성 비판』, 역사비평사, 2000

이지원,『미래세대의 동아시아 읽기』, 혜안, 2015

새뮤얼 헌팅턴,『문명의 충돌』, 김영사, 1998

역사문제연구소,『한국의 근대와 근대성 비판』, 역사비평사, 2000

이지원,『미래세대의 동아시아 읽기』, 혜안, 2015

전복희,「한국근대사에서의 사회진화론연구」, 동북아문화연구원,『동북아』, 4(1996.12)

정태준,「식민지 '일본인'참정권의 경계 - 통치개혁과정을 중심으로 -」,『동명논문집』 제20권 제1호 동명대학/ 1998.6

_____,「朝鮮植民地における教育勅語の體制化」,『일어교육』 제17집,한국일본어교육학회, 2000.5

_____,「국민학교 탄생에 나타난 천황제 사상교육」,『일어교육』 제23권,한국일본어교육학회. 2003.03

_____,「학교행사에 있어서 천황제 사상교육에 관한 연구」,『일어교육』 제24권,한국일본어교육학회, 2003.09

_____,「일제강점기하 수신교과의 내용연구」,『동명논문집』 제25집, 동명대학, 2004.02.

_____,「일제 강점기 조선 교육실태 조사연구 –설문조사를 중심으로-」,『일어교육』 제29권,한국일본어교육학회, 2004.09

_____,「日帝 强占期 朝鮮의 天皇制 思想 教育 研究」, 박사학위논문, 경상대학교, 2005.02

_____,「일제 강점기 식민지 조선 교육실태 조사연구(2)-청취조사를 中心으로-」,『일어교육』 제31권, 한국일본어교육학회, 2005.09

_____,「일본문화 인식의 변화에 대해 - 부산지역 대학생 조사를 중심으로 -」,『일본근대학연구』 제30권 1호, 한국일본근대학회, 2010.11

_____,「일본인의 생활의식과 부정관(不淨觀)」,『일본근대학연구』, 제42집, 한국일본근대학회, 2013.10

_____,「일본어 학습과 경제적 동기에 대해서 –후쿠오카 외국인유학생조사를 통하여-」,

『동북아연구』, 제52집, 동북아시아문화학회, 2017.09
_____,「아베정권의 도덕교육강화 논리근거에 대해」,『일어일문학』 제80권, 대한일어일문학회, 2018.08
_____,「韓流歷史観光コンテンツ考」,『퇴계학논총』 제34권, 퇴계학 부산연구원, 2019.12
_____,「観光コンテンツとしての歴史人物,蔡環」,『퇴계학논총』 제38권, 퇴계학부산연구원, 2020.12
_____,「儒의 의미 재고를 통한 부정적 긍정적 고찰」,『퇴계학논총』 제40권, 퇴계학부산연구원, 2022.12
한상복·이문웅·김광억,『문화인류학개론』, 서울대학교출판부, 1997
호미 바바,『문화의 위치』, 소명출판, 2003

Edward W. Said. 박홍규 역,『오리엔탈리즘』, 교보문고, 1998
E.R.Leach, "Ourselves and the others" .TLS, July, 6, 1973
Beals, R., "Acculturation," S. Tax, ed., Anthropology Today: Selections, Chicago: University of Chicago Press, 1962,
Bruce Cummings, The Origins of the Korean War, Vol 1;Liberation and Emergence of Separate Regimes, 1945~1947, Princeton; Princeton University Press, 1981
Castles, Stephen and Mark J. Miller, The Age of Migration International Population Movements in the Modern World, London: Macmillan, 1993,
Hoffman, Mark, "Normative International Theory: Approaches and Issues," A. J. R. Groom and Margot Light, eds., Contemporary International Relations: A Guide to Theory, London: Printer Publishers, 1994.
Kluckhohn, Clyde and W. H. Kelly, "The Concept of Culture," R. Linton, ed., The Science of Man in the World Crisis, New York: Columbia University Press, c.1945,

青木保、『文化の翻訳』、東京大学出版会、1978
青木保、『日本文化論の変容、ー戦後日本の文化とアイデンティティー』、中央公論社、1990

阿部洋 編,『日中関係と文化摩擦』, 厳南堂書店, 1982.

池田長三郎編,『アジアの近代化と伝統文化』, 厳南堂書店, 1982.

井上達夫・名和田是彦・桂木隆夫, 『共生への冒険』 毎日新聞社, 1992.

犬養道子, 『国境線上で考える』 岩波書店, 1998.

石田英一郎,『増訂 文化人類学序説』, 時潮社, 1966(新版: 『文化人類学入門』, 講談社学術文庫, 1976).

梶田孝道編,『国際社会学—国家を超える現象をどうとらえるか』,名古屋大学出版会,1992, 1996.

梶田孝道,「'多文化主義'をめぐる論争点ー 概念の明確化のために」, 初瀬龍平 編著,『エスニシティと多文化主義』 同文舘出版, 1996.

大林太良 編,『文化摩擦の一般理論』, 厳南堂書店, 1982.

小熊英二、『日本人の境界』、新曜社、1998.

加藤周一,「雑種文化一日本の小さな希望』, 講談社文庫, 1974.

クラル・アサド、「イギリス社会人類学における文化の翻訳という概念」、『文化を書く』、紀伊国や書店,1996

小倉充夫「移民・移動の国際社会学」 梶田孝道 編, 『国際社会学—国家を越える現象をどうとらえるか』 名古屋大学出版会, 1992, 1996.

國際交流基金・自治体国際化協会・大阪国際交流センター編, 『国際交流入門』, 大阪国際交流センター、1992.

筧 文生・飛田就一、『国際文化と異文化理解』、法律文化社、1989

G・ルクレール著・宮地一雄・宮地美江子訳、『人類学と植民地主義』、平凡社、1976

J. M ミッチェル, 田中俊郎訳『文化の国際関係』, 三嶺書房, 1990.

祖父江孝男 外、文化と人間、『講座 現代の心理学』、小学館、1982

竹内 洋、『立身出世主義』、日本放送出版協会、1997

辻村明・金圭煥・生田正輝 編, 『日本と韓国の文化摩擦一日韓コミュニケーイション・ギャップの研究』,出光書店, 1982.

中田光雄『文化・文明ー 意味と構造』,創文社, 1990.

西川長夫、『国境越え方 比較文化論序説』 筑摩書房, 1992.

丸山真男、『日本の思想』,岩波新書, 1961.

増田義郎, 『純粋文化の条件ー日本文化は衝撃にどうこたえたか』, 講談社現代新書, 1967.

ミード, M., 太田和子 訳, 「地球時代の文化論—文化とコミットメント』, 東京大学出版会, 1981(Margaret Mead, Culture and Commitment, New York: Doubleday, 1970, 1978).

宮島 喬、『文化の社会学』、有信堂高文社、1995

モルガン, L. H., 荒畑寒村 訳, 『古代社会』上・下, 角川文庫, 1954.

初瀬龍平 編著, 『エスニシティと多文化主義』,同文舘出版,1996.

馬場伸也,『アイデンティティの国際政治学』, 東京大学出版会, 1980.

姫岡勤,『文化人類学』, ミネルヴァ書房, 1967.

平野健一郎,「総説」,『総合講座日本の社会文化史4: 日本文化の変容』,講談社, 1973.

平野健一郎,「文化関係としての国際関係」, 武者小路公秀・蝋山道雄 編, 『国際学ー理論と展望』, 東京大学出版会, 1976.

平野健一郎、「ヒトの国際的移動と国際関係の理論」, 日本国際政治学会 国際政治 87: 国際 社会における人間の移動』(1988. 3).

平野健一郎・山影進・岡部達美・土屋健治, 『アジアにおける国民統合 歴史・文化・国際関係』, 東 京大学出版会, 1988.

平野健一郎「民族・国家論の新展開 'ヒトの国際的移動'の観点から」, 国際法学会, 外交雑誌』 第 88巻第3号, 1989.

ブレイカー, マイケル, 池井優 訳, 『根まわし・かきまわし・あとまわし一日本の国際交渉態度の 研究』, サイマル出版会, 1976.

山崎正和 『近代の擁護』, PHP研究所, 1994.

山下晋司·山本真鳥、『植民地主義と文化』、新曜社、1997

コーエン, ポール·A., 佐藤慎一 訳, 『知の帝国主義 オリエンタリズムと中国像』, 平凡社, 1988(Paul A. Cohen, Discovering History in China: American Historical Writing on the Recent Chinese Past, New york: Columbia University Press, 1984).

米山俊直、『文化変化の理論』、弘文堂、1989

정태준

경상국립대학교 일어교육과
일본 히로시마대학 박사과정 수료
경상국립대학교 문학박사
현 동명대학교 학부교양대학 교수

국제문화의 이해

초판 1쇄 발행 _ 2023년 8월 27일

저　　자 • 정 태 준
발 행 인 • 정 현 걸
발　　행 • 신 아 사
인　　쇄 • 대명프린팅
출판등록 • 1956년 1월 5일 (제9-52호)
주　　소 • 서울시 은평구 통일로 59길 4 (2F)
전　　화 • 02)382-6411 · 팩스 02)382-6401
홈페이지 • www.shinasa.co.kr
E-MAIL • shinasa@daum.net

ISBN 979-11-92428-97-0 (93900)

정가 14,000원